ユニクロ監査役が書いた　強い会社
をつくる会計の教科書

人人都要有

会计思维

[日] 安本隆晴 著

张婷婷 译

北京联合出版公司
Beijing United Publishing Co.,Ltd.

图书在版编目（CIP）数据

人人都要有会计思维 ／（日）安本隆晴著；张婷婷
译. -- 北京：北京联合出版公司，2019.6（2024.11重印）
ISBN 978-7-5596-2872-5

Ⅰ. ①人… Ⅱ. ①安… ②张… Ⅲ. ①企业管理—日
本 Ⅳ. ①F279.313.3

中国版本图书馆CIP数据核字（2019）第000453号

UNIQLO KANSAYAKU GA KAITA TSUYOI KAISHA WO
TSUKURU KAIKEI NO KYOKASHO
by Takaharu Yasumoto
Copyright © 2012 Takaharu Yasumoto
Simplified Chinese translation copyright ©2015 by ManBanpai
Culture, Beijing Co., Ltd.
All rights reserved.
Original Japanese language edition published by Diamond, Inc.
Simplified Chinese translation rights arranged with Diamond, Inc.
through EYA Beijing Representative Office.

人人都要有会计思维

作　　者：[日]安本隆晴
译　　者：张婷婷
选题统筹：慢半拍·何勇斌
产品经理：慢半拍·张志元
责任编辑：牛炜征
封面设计：异一设计

北京联合出版公司出版
（北京市西城区德外大街83号楼9层　100088）
北京联合天畅文化传播公司发行
天津睿和印艺科技有限公司印刷　新华书店经销
字数200千字　710毫米×1000毫米　1/16　13.5印张
2019年6月第1版　2024年11月第2次印刷
ISBN 978-7-5596-2872-5
定价：48.00元

前言

看数字，就能知道这家公司做了什么

自打我当上会计师起，已经过了三十三年。前九年，我以监察机构职员的身份，参与了许多上市公司的会计监察工作，并曾同时担任100多家中小企业的税务士。之后，我持续担任不同企业筹备上市的顾问，或者以公司外部稽核的角色，与十几家企业密切往来。虽然我接到经营管理顾问的委任并不算多，不过这些委任我的公司几乎都是成长中的企业。

◆ 三十三年会计师生涯，稽核、监察数家大公司的经营

我从1990年9月认识柳井正社长后，便参与迅销集团（FAST RETAILING，优衣库的总公司）上市前的筹备工作与会计监察，至今已二十一年；2001年6月认识了日本最大的办公用品直销商——爱速客乐公司的岩田彰一郎社长后，就一直参与该公司的经营咨商，目前我仍参与这两家公司的外部稽核工作。此外，我还担任LINK THEORY JAPAN（迅销集团旗下女装公司）、UBIC（企业经管咨商公司）和KAKUYASU（以酒类产品为主的在线购物网站）等知名大公司的外部稽核。2007年起至今，我在日本中央大学专业研究所会计

研究系，面向社会人士开设"论上市筹备""个案研究""企划演练"等相关课程。

◆ 用会计的力量改变公司

我和每一家公司最初接触都是因"筹备上市的咨商"或"稽核"，但是实际上与经营者们一直以来讨论的，都是针对由活动的结果——"会计"，反推回去看经营本身的过程。

所谓"经营"就是决策的连锁过程，如果详细分类，就是为客户创造更新、更符合需求的商品或服务，通过销售及早收回现金，然后再次制造并销售；在重复这些行为中将得到的利益以现金方式储存下来的整个过程。

经营者要反复思考如何培育生意的"幼苗"，建立假设、验证，如果行不通就从头再来，从错误中持续学习。即使一直失败，也不能退缩，稍有成功也不必太高兴。另外，如果因为风险大就放弃，是绝对不会成功的。

对整个经营的过程适时并正确地测定、记录、评量，然后对出资者等利害关系人提出说明，就是"会计"的角色。因为经营活动的结果必然会反映在财务报表等会计数字上，所以要把"经营"与"会计"作为互为表里的一体来看。

也就是说，会计的财务报表是负责对利害关系人做出说明的工具，也是反映公司目前真实样貌的一面镜子。仔细观察这面镜子上显现的会计数字，将数字运用在接下来的行动中，就能够利用会计的力量改变公司。

◆ 观察公司的发展状况，把一切数字化

实际上，懂得成长的公司都知道会计数字的重要性，他们为了在竞争中获胜，会把自己定出的数字作为行动基准。相反，轻易忽视数字的公司，即使表面上看起来一帆风顺，也会在某些地方受挫——因为他们没能察觉显现在会计数字上的危险信号。因此，我经常对刚创业的经营者或中小企业经营者们说，"请把一切都数字化"。

把经营过程数字化，每天观察，就能看出变化。只要采取应对措施，数字就会发生变化，而且能看出改变措施后数字会如何变化。如果零售业每天记录每小时的客流量、购买人数、男女比例，再据此采取措施，例如改变商品种类、改变广告单的写法、换广告牌、改变橱窗陈列等，就可以看出这些改变会如何影响客流量的变化。

像这样以会计数字为基础制订计划（Plan），然后实行（Do）并检查（Check），若有差异，就调查、分析其内容并迅速采取行动（Action），这被

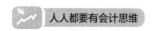

称为"PDCA循环"。能够真正运作这个"PDCA循环",就能创造出令人骄傲的、绝对不会输的强大公司。

衷心希望通过本书,让经营者乃至员工甚至各个领域的商业人士都能够理解会计思维的重要性,并在这个对经营者来说如同暴风雨的逆境时代,对公司的大幅度成长有所帮助。请边读边思考,我相信当中一定有能让各位在实务上参考的部分。书中有许多案例及对个案的研究,希望对各位经营公司或工作有所帮助。

2012年5月

资深会计师、税务士、优衣库经营稽核人 **安本隆晴**

DIRECTORY

目录

CHAPTER **2** **"每月财报"与"预算管理"，**
打造高效团队

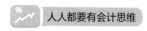

CHAPTER **3** **用数字思考，**
公司当然会赚钱

CHAPTER **4** 老板想要的
一定是会看"关键数字"的人才

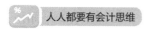

CHAPTER 5 这5家知名企业的社长、员工，都在用"数字思考力"

CHAPTER 1

只有用"会计思维"经营，
公司才能稳步成长

数字反映运营成果，及早看出经营缺失，
在造成财务危机前改善

1 不懂会计思维，一辈子只能当基层员工

在我担任税务顾问时认识的中小企业经营者，以及为了筹备上市来咨商的经营者中，有很多人的会计思维都不够充分。或许该这么说，他们对业务或技术等能自行掌控以外的事务几乎都不关心，甚至有更多的人完全不使用会计思维。

因为经营者自己不懂会计或财务的重要性，以致公司内部也没有专门负责财务或会计的人，每个月的结算都仰赖外面的会计事务所处理。当初我认识优衣库的柳井先生时，优衣库也是这样的状态。

所幸，柳井先生是很努力学习也很爱读书的人。当他理解了会计思维及财务和会计的重要性后，很快便招募了会计和财务方面的人才。而该公司里负责与我的经营管理顾问公司联络的菅先生，原本就是会用会计思维的人。因此，柳井先生很快就选他担任董事，并将他视为第二重要的常务董事，予以重用。

◆ 不管数学成绩多差，一定要懂"会计思维"

其实，掌握会计思维并不难。基本上就是要了解"自己公司的赚钱机制＝损益结构"与"现金收支结构＝现金流量结构"是怎样的情况，以会计数字作为思考的基础，找出如何让这两者均变成正数、增加金额的方法，并且实行。

以餐饮产业为例，可以将每家店铺损益表中的销售数字和业务利润与前一年同一个月份的比较，看看是增加了还是减少了，或者比较每位员工的平均销售额是如何变化的，或者调查每平方米店面每月销售数字的变化，等等。

会看财务报表的店长，才能帮公司赚钱

只要稍微比较一下，就会发现很多问题，如果有什么异常变化，也能够立刻采取行动。再者，每家店铺每个月都拟订预算，再与实际运营数值做比较，就能看出更多状况。不只是经营者，若能教每家店的店长看每个月的财务报表，店铺的运营就能更有计划，也更科学；店长们也会理解，采取什么样的策略可以让数字产生变动。为此，每个月的决算必须做到既快又准确。

要想知道会计数字的变化，掌握原始数据很重要，可是事实上有很多公司并没有做到这一点。

看财务报表的数字，能立即知道决策的成果

例如，要分析"每名员工的平均销售额"，如果不知道去年一整年内有多少名"员工"工作过，只掌握了全职员工人数，还有兼职人员没法统计，这时需要统计所有员工的劳动时间，再用每日工作8小时反推出人数。如果没有这部分的原始资料，则只能推测。

经营绝不会永远顺遂，若不能觉察到伴随而来的风险，并且从错误中吸取教训，就无法持续发展下去。这时候如果用会计思维，将会有不一样的结

果。用会计思维去思考、考量一家企业，所得到的数字非常有帮助。首先，要懂得会计的意义以及知道那些强大的公司注重哪些数字。

◆ "会计"就是把钱的事讲清楚，这并不难

会计是指将能够换算成金额的所有交易，依一定的规则（复式记账法）归纳整理到财务报表上的方法，也是对出资者、投资人、债权人等对象报告特定周期的经营损益与资金流向。如图表1-1，比起单纯的口头报告，借助复式记账法记账的财务报表来说明，明显更能够提高对方（投资人）的认同。

会计在英语上称为Accounting，这个词也有报告或说明的意思。而Accounting与Responsibility（责任）合成之后变成另一个词Accountability，意思是"当责"（为最终成果负完全责任）。在新闻报道中，会使用"经营者是否负起了这次投资损失的当责呢"的说法，显见这个单词已经成为惯用语了。

欧洲中世纪的大航海时代以后，复式记账法就逐渐推广到世界各地。复式记账法是把所有的交易记入账簿的一种方法与规则，自古以来就一直是世界共通的语言。

看数字就能清楚地知道交易详情，无须用文字说明

大航海时代时，通常由船主或出资人先募集资金，买进交易用的各种货物，装载到船只上，然后出海，到达目的地后换取胡椒或金银，再回到原来的港口。

以现代的观点来说，可以把创业投资企业的经营者看成是船长的角色，他在完成一次航海后，就要向船主或出资者列出如下的财务报表：

卖掉从目的地得到的货物的收入＋出资金额－应该交换回来的财货的购买成本－船只建造费－航行中的维护费、人事费、经费＝余额

在这个结构中，若余额是正数（利益），扣除船长应得的部分后，所剩的就按照出资金额比例分配给出资者。有时费用全部由船主承担，也会有船长与船主对半分的情况。假设船只沉没了没有回来，资金无法回收，就等于一切都没有了。如果能够平安无事地回到港口，需要将报表拿给船主或出资者看，然后分配余额。

从卖掉货物后得到的金额（销售额）中，扣除直接成本和费用，计算出利益，依照这种规则做出来的财务报表，从古流传至今，是能够明确尽到当责的工具。

会计是说明"损益"和"资金流向"的最佳方式

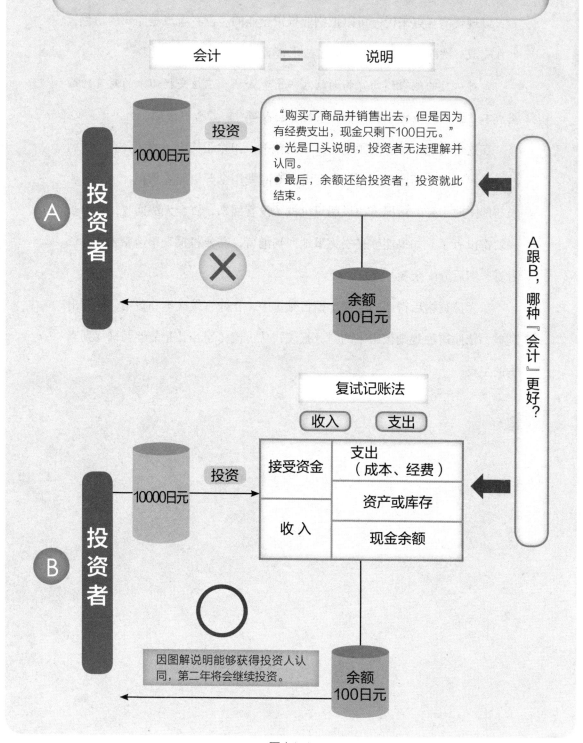

会计 ＝ 说明

A

投资者

10000日元

投资 →

"购买了商品并销售出去，但是因为有经费支出，现金只剩下100日元。"
● 光是口头说明，投资者无法理解并认同。
● 最后，余额还给投资者，投资就此结束。

✕

余额
100日元

A跟B，哪种『会计』更好？

B

投资者

10000日元

投资 →

复试记账法

收入　支出

接受资金	支出 （成本、经费）
	资产或库存
收　入	现金余额

○

因图解说明能够获得投资人认同，第二年将会继续投资。

余额
100日元

图表1-1

◆ "财务报表"会显示一家公司的未来

大航海时代的财务报表，时间是按出了港口后获得胡椒或金银回来的整个航海期间来计算的，因此可能是两年或三年，也有可能更久。而现在的财务报表依公司法或法人税法的规定，要表示出企业一年的经营成果。在一年当中提高决算期的销售金额，扣除相对应的销货成本或费用并确定损益的同时，也显示出期末当日的财产余额。

"财务报表"是企业对出资股东、贷款银行或供货方等债权人，以及征税机关等说明一年业绩的工具。不过，财务报表并非只是为了这些目的而存在。

除了说明经营业绩，还能找出潜藏的危机

财务报表是经营者一年的成绩单，也是反映公司目前状况的镜子。就如同做体检一样，你自己或许没注意到身体有问题，但当体检时出现了"异常数值"，就有必要加以注意了！

若能看到自己公司连续几年的财务报表，可能会发现很多问题。例如，销售金额或利润并没有增长，可是总资产一直在增加。而增加的资产是库存或应收账款，其次是银行贷款……这就令人担心了。与上一年相比，如果利润相同但总资产增加，很明显就是经营业绩变差了。

如果发现这样的状况，就必须立刻思考该怎么做。比如处理滞留库存、提高库存周转率、立即收回应收账款及尽可能偿还借款，等等。如果不赶紧从借款体制中挣脱，公司很有可能会破产。

决算周期愈短，公司愈能快速成长

财务报表是反映公司目前状况的镜子，也是今后经营方向的基准。换言之，财务报表扮演的角色是过去的结果，也是迈向未来的跳板。

现在是什么都要求速度的时代，因此每年一次的"总决算"、三个月一次的"季决算"，甚至每个月一次的"月决算"，都已经是理所当然的，甚至有些企业每天都进行"日决算"。每天照镜子不断反省，是为了跳得更高。若能再前进两步，就算退了一步也没关系。

◆ 每位员工做事之前，先思考"会不会有利润"就对了

商业的基础，在于"PDCA"的顺利循环。PDCA的顺利循环对于经营的任何一个阶层都极为重要，经营高层也好，现场的员工也好，都要有计划，然后按计划实行并适时检视，若与计划有差异就要调查分析并迅速采取应对措施。

做决策前，先思考"会不会产生利润"

这时候能用来当做评断基准的，正是会计思维"为了在竞争中获胜，产生利益、留下资金，利用会计数字来思考的方法"。具体来说，便是要了解"自己公司的基本赚钱结构＝损益结构"及"现金收支的结构＝现金流量结构"，思考如何使这两者变成正数，如何增加资金额。

掌握顾客的需求，培育企业的"幼苗"并使其成长。思考这些经营课题，并且在做决策的时候经常利用会计数字问问自己：这在会计上有利润吗？会留

下现金吗？这样持续投入下去就会有成果吗？……这就是会计思维。

如果公司所有的员工都能通过这样的会计思维循环PDCA，公司就能成为坚如磐石的强大公司、值得骄傲自豪的公司、绝对不会输的公司。不需要所有员工都是一流大学毕业或拥有MBA学位，即使聚集的都是普通人，这家公司的内部团队合作也将会发挥很大的"相乘效应"，前途无限。

从一线员工到管理团队，都要拥有"会计思维"

如果全体员工都能把自己当成经营者那就更好了。要实现这个目标必须拥有强大的领导能力及全体员工的共同努力。若能做到这样，就能称为"全员经营"了。

说到全员经营，最有名的就是宅急便之父、大和运输（现为大和控股公司）前会长小仓昌男的名著《经营学》中的定义：

"全员经营，是指在经营的目的或目标明确的情况之下，不需要详细规定工作方式，交给员工自己去做，让员工自己对自己的工作负责。"

把权限委任给全体员工，每个人的自由裁量度很大，相对的责任也重。如果是这样，全体员工都会有成长的意愿，同时只要能有实在的培训制度，企业很快就能成为优秀企业。

我更进一步结合"全员经营"与"会计思维"造了个新词："全员会计思维经营"，旨在提倡包括经营者在内的全体员工都能拥有会计思维。这样才能够打造出强大的经营团队。

"会计思维"是什么

为了在竞争中获胜并产生利益、留下资金，而利用会计数字思考的方法。

在PDCA循环的时候作为行动"基准"的思考方式，了解"损益结构"和"现金流量结构"，思考如何增加利益和现金并采取行动。

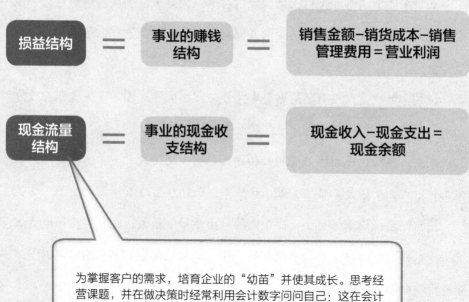

| 损益结构 | = | 事业的赚钱结构 | = | 销售金额−销货成本−销售管理费用＝营业利润 |

| 现金流量结构 | = | 事业的现金收支结构 | = | 现金收入−现金支出＝现金余额 |

为掌握客户的需求，培育企业的"幼苗"并使其成长。思考经营课题，并在做决策时经常利用会计数字问问自己：这在会计上有利润吗？是否有现金余额？这样持续投入下去是否会有成果？等等。

图表1-2

2 把公司从"小型汽车"变成 "F1赛车"

经营者思考招徕顾客或者找出顾客需求的方法，然后实行，都会产生金钱流动，这些内容综合的结果，最后将全部体现在财务报表（会计数字）上。

如果能够持续正确地做出会计处理，没有粉饰或违法，没有遗漏或重复记录交易等疏失，或者没有会计处理错误，结果会真实地反映在财务报表上。不过，麻烦的是，有时这些结果能完美呈现出来，有时却并非如此。

◆ 客人多、生意好，公司一定会赚钱吗？未必

例如，在专门销售酒类的店里，曾有过这样的实例：

去年的销售额为5000万日元，当期利益有100万日元，可是今年的销售额变成了4500万日元，当期利益为负200万日元，收入和利润都减少了。然而今年销售的单位数比去年还多，配送给顾客的次数也增加了10%以上。实际上，店员也很努力地将商品配送给顾客。为什么会出现这种情况呢？

原因是，和前一期相比，卖出去的商品中啤酒的瓶数减少了，而单价比啤酒低的发泡酒或矿泉水的销售量增加了。

不会立即显现的数字，要从多方面观察分析

虽然店员很努力却仍是赤字，当老板的应该很困扰。这种情况下，我会彻底改革，例如建议把销售业务集中在毛利率较高的客户身上，或者重新修改商品的单价及种类，或者毛利率低的业务取消宅配，开发红酒或日本酒的特选卖场（投资），等等。

有些经营方针的实施结果会立刻反映在会计数字上，也有些不会显现出来。此时就要用刚才所说的销售瓶数或宅配次数，由各种观察来掌握数字，然后加以分析，这对掌握经营的实际状况是很重要的。

◆ 从"小型汽车"到"F1赛车"

企业经营是与其他公司的竞争，是与其他公司在同一个产业领域一决胜负，如果不能胜过对手，就会被对手打垮或吞并。

以汽车为例，如果只求跑得动，那用小巧灵活的小型车就够了；可是如果想竞速，就必须靠最新的F1赛车才会赢。要赢得竞争，虽然机器的速度很重要，但精密的辅助仪器及训练有素、合作无间的维修团队也很重要。

提高"仪器"的质量和方向盘的精准度

该怎么做才能让你的公司变成可以在"决赛时胜利的F1赛车"呢？F1赛车拥有高速转动的强大引擎、坚固轻盈且流线型的车身、抓地力强的轮胎、精密的仪器，还要搭配有能力的驾驶者。引擎和车身就相当于"企业本身"，而驾驶的时候要依赖的仪器和方向盘就是"会计思维"与"财务报表"。至于驾驶者，就是经营者或在业务最前线的你。

　　拥有赚钱的损益结构与正向现金流量的企业，要由拥有会计思维的你来经营。用正确、快速地做出来的每月财务报表和预算比较分析，一旦有问题就立刻采取应对措施。如果能做到以上所说的，就能让公司成为持续成长的强大公司。

3 像大公司一样制定高目标数字

丰田、松下、佳能、AEON、SEVEN&I HOLDINGS等大企业在当初创业时都只是中小企业。这些公司在创业初期应该都是从被问"你们是哪家公司""你是什么人""我们现在很忙，没空理你"开始的。随着依照顾客的需求制作产品然后销售出去，获得客户的好感并产生利益，组织的规模才渐渐壮大起来。

◆ 所有的知名大企业都曾经是中小企业

成功的企业家身边一定有负责会计事务的人，例如非常知名的松下公司。1935年，松下公司成为股份有限公司，创业者松下幸之助在《"松下会计大学"之书》的序中曾经提及当时的状况，在此简单摘要：

创业之初，店里（松下先生这样称呼自己的公司）的会计跟家计是完全分开，每月结算，并且向员工报告结果，也就是实践所谓的"透明化经营"，所考虑的是借着成为股份有限公司的机会，将会计制度转换成符合股份有限公司的制度。当时因为与朝日干电池公司合并而进入松下公司的高桥荒太郎先生，就成了会计部门的负责人。

当时，松下先生对高桥及其下属桶野先生说：

"会计并不仅仅是指公司的会计部门，它扮演着企业整体经营指南针的角色。所谓经营管理，一定要经营会计。"

应松下先生的要求，以高桥先生和樋野先生为首，松下公司到1982年已培养了1500位会计人员。这些会计人员约有100人在总公司，其余的全部被分派到各个分部或关联企业等地方，据说就是着眼于防止在一线工作的会计人员的"账目混乱造成经营混乱"。

经营管理一定不能缺少会计的规划

如果支撑企业成长的管理部门守备能力强，其进攻能力也会强。要说正因为特别看重会计松下公司才能有今天的发展也不为过。松下先生如果是"经营之神"，高桥先生或许就可以说是"会计、经营管理之神"。

苹果公司前CEO史蒂夫·乔布斯于2011年10月5日以56岁之龄英年早逝，他的传记《乔布斯传》（*Steve Jobs*）中也提到，"从创业初期就要找到能够管理公司的人才"。

硅谷有名的投资家瓦伦丁（Don Valentine）给了乔布斯这样的意见："如果希望我投资，首先就要找来懂营销和物流、能够制订事业计划的人来当伙伴。"乔布斯和瓦伦丁推荐的迈克·马克库拉（Mike Markkula）见面，两人十分投缘，马克库拉在之后二十年中成为苹果公司不可或缺的存在。

马克库拉是价格战略、物流、营销、财务方面的专家，曾在快捷半导体（Fair Child）与英特尔（Intel）工作过。伟大的创业者身边一定有个伟大的经营参谋，这就是个好例子。

会计反映基本成果，经营方针可随之调整

每个持续成长的强大公司，最初都是从中小型企业开始的，创业者遇见

能充分运用会计思维的经营参谋，不只会用登载在财务报表上的会计科目及数字等一般经营分析指标，还会运用能显示自己公司独特的行动结果的数字来经营。虽说是自己公司独特的数字，但是并不需要高等数学或复杂的统计数字，而是能看清楚哪些数据能反映该公司最基本的努力成果，并以此为行动指南。

例如零售业，该注意的是现有店铺的销售额、购买客数、购买件数、购买单价等的前后期比较、平效（请参照第五章）和库存周转期等。决定每一个核心事业要用什么单位、用怎样的方式评价，接着持续留意该数据。看着数据的变化，就能与下一次的行动联结。在第五章，我将会举5家知名大公司的经营实例，提供给各位参考。

◆ 每年开30家优衣库分店，真的做到了

为了使企业持续成长，必须一直坚持经营者创业时的远大志向。与此同时，要不断提出高目标，且全体员工都能朝着目标努力。如果仅仅是提出"稳定成长"的低目标，只怕连保持前一期的业绩都会有困难。

设定高目标，才能激发员工的动力

1990年9月下旬，我第一次造访优衣库，那时柳井社长为了解决公司运营问题，打算建构迅销集团发展"标准的休闲服装"时，也曾征询过我的看法。最初只是地区性中小企业的优衣库（原名"小郡商事"），如何准备上市并进行咨商时的情形，之后我会详述，先来谈谈这个可能会被斥为是好高

骛远的志向与目标。

第二年9月1日，柳井先生在所有员工面前宣布："总有一天我们要利用全世界各地的资源、设备、才能、信息，比任何人都快速、便宜、大量地销售顾客需求的商品。"并决定以"FAST RETAILING"的公司名称来表现这个概念。

以成为休闲服饰的标杆为目标，也就是想把该公司变成"世界第一的休闲服饰企业"，这很有可能只是空想而已。但是我和柳井社长就这个非常远大的志向详细商讨后，觉得似乎可以用非常简单明了的理论去发展并实现。

当时具体揭示了"每年开30家标准型优衣库分店，这样三年可达到上市的规模"这样的目标，我认为也是成功的要因之一。

1994年7月14日，迅销集团在广岛证券交易所上市后不久，营业收入增加，虽然2000年时刷毛毛衣流行风潮到达顶点而使优衣库的收益减少，但是2003年底业绩慢慢恢复。接下来在销售额达到3839亿日元的2005年8月，柳井社长提出了新目标："2010年销售额达到1兆日元，税前净利率达到15％。"

分段达成各阶段的目标，三年后就能拉开与同行的差距

2011年8月的成果为"销售额8203亿日元，税前净利率13.1％"，所以并没有达到目标。然而，若没有设定这样的高目标，我相信销售实绩会更低，可见税前净利率也是很重要的数据。

现在柳井社长提出的目标是"成为世界第一的服饰制造零售企业，2020

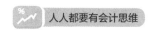

年的营业额达到5兆日元，税前净利达到1兆日元"。这个长期目标看起来难以达成，但是可以借由切实地一步步达成明年、后年、大后年的各阶段目标值，总有一天会达到长期的目标。

重要的是，从确定出的目标值反推算出现在正在一步一个脚印地努力的公司，经过一年、两年、三年后，一定会和没有努力的公司拉大差距。希望各位读者也是一样，在逐步解决现状踏稳脚步的同时，也要拥有远大的志向，朝着高目标一步一步地前进。

◆ 很努力却没有利润，资金流动到哪里去了

在经营上最重要的是最基本的业务有没有赚钱，款项有没有按照约定的日期（回收期限）回收，支付了相对的成本或经费之后钱有没有切实地留下来，等等。

努力后却没有利润的业务，就该立即停止

零售业、批发业、制造业、服务业、不动产业等，无论哪种产业都有基本的损益结构，农业、林业、水产业等也都有。基本的损益结构是"销售额-销货成本和经费＝利润"。努力经营也没有利润的业务，就应该立刻停止，不用多等三四年。若是几种事业互相牵连、互相影响，原本应该将各业种分开来判断，但有些企业结构复杂致使其难以区分，会造成判断上的困难。

此外，即使销售数字增加，在账面上得到利润，却没有相应地多出现

金，而是未收回的应收账款或商品、制品、半成品的库存量一直在增加，这也是不行的。账面上有利润却没有现金入账，造成资金短缺的"黑字破产"（账面盈利，现金不足），是绝对要避免发生的。

销售规模变大时，小心"黑字破产"的现金陷阱

若损益结构是正数，原因却不是销售增长了，而只是应收账款膨胀未回收，此时再加上支付条件是采取现金支付，导致现金收支（现金流量结构）为负数，"黑字破产"的危险性就很大，必须时时盯紧损益结构和现金流量结构的平衡。

一般而言，在销售量急速上升时，很容易造成资金短缺，所以一定要每星期制作"资金调度预定表"，小心仔细地管理现金收支。

接下来我会举倒闭公司的案例，说明在销售规模扩大时，才是破产因子最容易潜伏其中的实际情形。

为什么会发生"黑字破产"

"黑字破产"就是"账面盈利，现金不足"的状态

假设某公司的期初资产负债如下：

期初资产负债表			
现　　金	100	负　　债	350
固定资产	300	资　　本	50
合　　计	400	总　　计	400

假设一年内总计进货80，并以150卖出。但是货款回收延迟，全部都要延到下一期。就这么直到期末，那么资产负债会变成什么样子呢？

期末资产负债表			
现　　金	20	负　　债	350
应收账款	150	资　　本	50
固定资产	300	利　　润	70
合　　计	470	总　　计	470

明明有150（卖出）−80（进货）＝70的利润产生，但是现金非但没有增加，反而还从100减为20。这完全就是"账面盈利，现金不足"的状态。如

果期末日预定要偿还贷款40，就完全陷于资金短缺（变成"黑字破产"）的情形了。

之所以如此，是因为在现在的企业中会计采用的是权责发生制，也就是说与现金出入无关，而是以有没有交易的事实来记录。基于有销售的事实而记入账簿，所以才会发生有利润（账面上盈利）而现金减少（现金不足）的情况。如此，你可以明白现金的出入动向有多重要了。不能光做损益表，实绩数值要制作现金流量表，预定数值要制作资金调度表，这很重要。

权责发生制，指收益于确定应收时，费用于确定应付时，即行入账。决算时收益和费用按其应归属年度做调整分录。

4 倒闭公司的财务报表，也值得学习

L公司在2002年成为美容沙龙业界的第一家上市公司（大阪证券交易所 Nippon New Market Hercules，现为新JASDAQ），但在2008年3月，因为对顾客违法销售而遭到东京政府的行政处分，之后店铺数量便逐渐减少。

◆ 欠缺会计思维，最终招致倒闭

该公司2008年3月期和2009年3月期的决算监察报告书中，被加上"对企业持续经营有重大疑义"的附注，意思就是不清楚今后是否还能以企业的形式存续下去。之后业绩恶化，2010年10月申请进入民事重整程序，第二年11月退市。

忽略了财务报表上的财务恶化警告

费了很大的努力和代价好不容易才达成上市的目标，却因为违法事件或倒闭等情况退市，这样的案例常发生。虽然行政处分是导致L公司倒闭的导火线，但是经营者如果能够了解遵守法律与会计思维的重要性，再采取行动，我相信是可以免于倒闭的。

早知道就不勉强手头资金不足的年轻顾客签下超过百万日元的销售契约；早知道就不给美容师定那么高的销售额目标；早知道就彻底做好美容技术及待客教育训练，响应顾客的期待脚踏实地地持续为顾客提供美容课程，

以合理的销售价格提供服务，这样一来也许就能提高相对的销售数字和利润了！但事到如今，千金难买早知道。

切实做好每月的决算，才能实时掌握财务状况

姑且不论这种对业务"早知道如果怎样就好了"的争论，更重要的是如果每个月都切实定期做好决算，就能发现财务状况逐渐恶化的过程，也应该可以采取必要的应对措施。

L公司的经营者究竟有没有每天看销售状况，是不是每个月都看损益表和资金调度预定表并迅速、正确地分析，有没有冷静地判断和应对呢？会不会只是想着要扩张业务呢？

持续三年出现赤字、持续两年超贷……现在说这些都为时已晚，应该在演变成这个结果前就发现破产的征兆才对。

◆ "破产征兆"早就显现在财务报表上了

金融厅的"EDINET"（Electronic Disclosure for Investors' NETwork，披露上市公司资料的网站）网站上仍留有L公司的决算资料（2007年3月期到2010年3月期为止的有价证券报告书），我依据这些资料做了损益表及财务状况表。

到2007年3月期为止，营业额、利润都是往上走的，但是从受到行政处分的2008年3月期开始，营业利润亏损，出现了赤字。

所谓营业损失，即若用和当时同样的营业方式开展业务，销售越多赤字

就越大，将侵蚀过去的利润。若不立即摆脱这种状况，资金调度将逐渐紧张，不久企业便会有倒闭的危险。

资金早在赤字出现前就很紧张了

另外，以员工平均营业额作为显示劳动产能的指标，于2007年以1770万日元达到高峰，之后便开始走下坡，2010年大幅度滑落到1020万日元。如果只看损益状况，2007年看起来像是巅峰时期，但是若同时观察资金动向，就会发现其实在那个节点，资金就已经相当紧张，完全没有余裕。

几年前倒闭的大型英语会话学校曾引起很多的话题，而L公司在签约时也有收取"预付款"的惯例。例如，若合约上约定15堂课收取总计30万日元，则顾客在签约后刷卡付费时，公司就有30万日元入账。每次课后才能把账款转为营业收入，在所有课程结束前都等同于向顾客借款——不过我想经营者并不会感觉是在向顾客借款。

2007年3月底，这项预付款的余额竟然有30.13亿日元。此外，现金存款余额仅有20.52亿日元。此时如果所有顾客同时要求"不再上课，解约并退还剩余的预付款"，那这10亿日元的差额便无法偿还。

此外，若只计算期末当天的运转资金，就有7.78亿日元的赤字。赤字仅有这么多，是因为在期中以发行股票支付现金增资的方式成功调度到20.4亿日元。当时如果没有增资，L公司应该已经出现28.18亿日元的资金短缺！也就是说，在营业额达到巅峰的2007年3月期这个节点，便已经显现出倒闭的征兆。

增资造成获益假象，其实早已超支

在2007年3月中寻，由于买下了新店面，所以不仅增加了10.76亿日元固定资产（用于扩展新店），为了取得经营健康食品网购公司、美发沙龙及美容学校公司的股票，还支出了26.63亿日元。总计使用了37.39亿日元的资金，相当于当期净利的3.3倍。

企业在快速成长时，需要大笔运营资金运用在本业上，可是他们却仗着有预付款制度，把钱用在强推业务和扩张店铺上，结果造成资金调度陷入困境。

创业者某社长在2008年2月卸任社长一职，同年6月将自己所持股份无偿让渡给公司，之后就完全退出公司。若详细阅读公司公开的财务报告书（上市公司每年向财政部提交的财务报表），可以看出很多问题。请把这个案例当成典型的反面教材。

L公司的损益与财务状况演变

		2006年 3月期	2007年 3月期	2008年 3月期	2009年 3月期	2010年 3月期
损益计算表	营业额	10,342↗	17,115↘	15,753	3,954	3,047
	营业利益	4,323↗	8,509↘	▲1,114	▲2,151	388
	税前净利	976↗	2,167↘	▲777	▲2,176	▲1,150
	当期净利	413↗	1,145↘	▲4,219	▲2,991	▲1,250
资产负债表	❶现金存款	2,293↗	2,052↘	918	106	195
	❷应收账款债权	704↗	1,267↘	577	593	366
	❸应付账款债务	347↗	947↘	571	184	109
	❹库存资产	1,443↗	2,031↘	761	372	289
	❺订金	2,180↗	3,013↘	1,690	937	765
	❻借款	0	0↗	2,100	557	1,335
	纯资产总额	3,514↗	6,544↘	2,062	1,066	541
	纯资产总额	7,984↗	12,631↘	7,421	3,170	3,071
	增资（资金调度金额）	4	2,040↘	2	2,057	724
	期末店铺数（店）	85↗	95↘	76	52	52
	店铺工作人员数（人）		639↘	674	242	261
	总员工数	613↗	965↘	904	280	298
	人均销售额	16.9↗	17.7↘	17.4	14.1	102
	运营资金（❶＋❷＋ ❸－❹－❺－❻）	▲279↗	▲778↘	▲2,485	▲983	▲1,719

在出现赤字前的2007年3月期就已经显现出倒闭的征兆了！

5 "会计思维"让优衣库迅速成长的秘密大公开

1990年9月，我接到柳井正社长的电话，当时他在山口县宇部市经营绅士服装零售店的小郡商事（现为迅销集团）担任社长。柳井先生在1972年进入小郡商事，继承了由他父亲柳井等先生创立的事业。他说读了拙著《热闹的"股票公开"》后，想要和我见一面。

当时，他经营着十几家名为"优衣库"的休闲服饰店，旗下还有男士服饰及女士服饰店。当时优衣库离制造零售业（SPA）相当遥远，只是从普通的制造商那里批发商品来销售的小零售店，商品的种类、陈列方式及店铺的运营方式等都是每家分店各有不同，乱七八糟，一直难以朝标准化方向发展。

在柳井正先生所著的《一胜九败》中，他也写了和我认识的经过：

在请他看过整个公司之后，就开始了咨商。他的书写得相当了不起，但是在见面的那一瞬间，我感觉这个人看起来很文弱。他真的行吗？之后我才知道，当时安本老师对我的印象是"当柳井社长说想把公司变成前所未有的全球性企业时，我在想这个看起来像个大老粗又不知变通的人办得到吗？"原来我俩是彼此彼此啊。

迅销集团后来以极快的速度成长，这时候开始起步的上市准备，成为建构企业成长基础中很重要的一步。从1993年11月起上市有了眉目后，我便任该公司的监事直至今日。

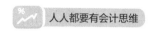

◆ 用会计思维架构公司，部门组织结构才清晰

从我接下筹备上市的咨商工作开始，到1994年7月于广岛证券交易所上市为止的过程，都详细写在拙著《"优衣库"监事实录》中。本书包含了更多当时优衣库上市前的准备情况，同时把重点聚焦在从会计思维观点分析的事件上。

在咨商开始的时候，我请他们画出组织结构。但是由于公司内部不曾好好架构过组织结构，所以在报告整体经营诊断检讨结果，并签订顾问契约之后，我立即就着手架构组织结构。

一开始我拜访了几位领导层人员，了解他们负责什么样的业务。架构组织结构必须将经营战略按照职能分解并分配给各部门，同时用另一张纸详细记下分别掌管的业务，然后决定各部门的任务。

成为公司发展、成长重心的"四本部"体制

进货后将商品配送到各店铺的"商品部"，统率店员、店长运营店铺的"营业部"（后改为店铺运营部），用数字管理整个公司会计思维的总管"管理部"，寻找开店地点、签约并设计店铺并开店的"展店开发部"，以这四个部门为中心配置，成为后来开展多家店铺的"四本部"体制的基础。

图表1-5是1990年9月优衣库的组织结构，跟一般的组织结构有些不同。部门名称、职务名称下面写的是考核业绩的对象、数字和职务的职责，其下更进一步写有经理或领导人、负责人的名字。

架构组织结构的过程中会不断出现很多问题，如制作广告传单的人员要

归在哪个部门，从展店的准备到开张为止的负责人该挂在哪个部门下，等
等。思考将他们归在哪个部门的经理之下，指挥命令才能顺利传达。优衣库
的所有员工原本都以柳井正社长为中心呈同心圆状排列，现在慢慢开始变得
像一个组织了。

1990年9月，优衣库组织结构

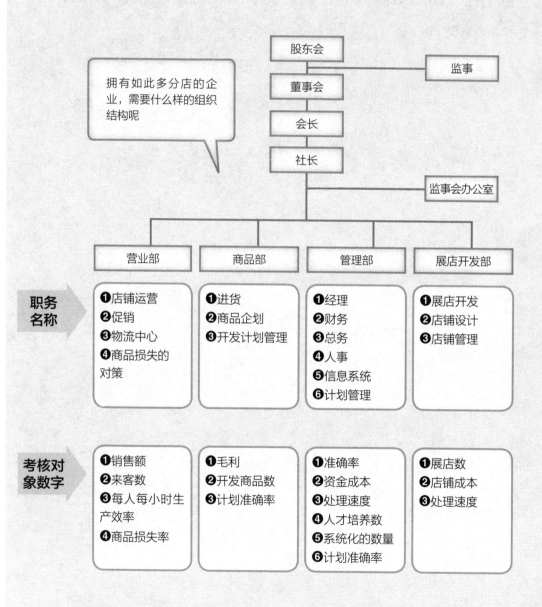

图表1-5

| 职务的职责 | ❶能达成销售额的卖场维护管理
❷为达成销售额的促销
❸卖场作业集中实行带来的良好、轻松、便宜、迅速化
❹消灭损失 | ❶按照商品计划，维持商品结构
❷进行竞争力差异化商品的开发
❸提供与执行直接相关的数字 | ❶交易记账的信任度
❷资本、资产的活性化
❸公司运营的自如化
❹公正的人事、教育
❺全公司业务标准化
❻提供与执行直接相关的数字 | ❶创造能赚钱的展店店铺
❷用低成本就能买到的店
❸维持对客户而言舒适的店铺环境 |

组织结构就是能清楚地区分经营战略职能的说明书！

◆ 清晰地展现各职务的职责，安排合适的人员

在架构小企业的组织结构时，总是会架构得很普通，因为与其列出部门名称，还不如只列出人名组织结构反而更能显示出实际状态——当时的优衣库就是这样。不过在这样的组织结构中，本来是必须具备的组织职能，却没有负责人，或者是由其他部门兼任，这类部门就没有被明确地架构出来。

用会计思维画出组织结构，立即会发现被浪费的人力与时间

这个部门是做什么的？这个部门应该做什么？因为现在没有负责人，所以只列部门名称，或者是由其他部门主管兼任，这些事情有必要明确分辨。架构组织结构，除了可以帮你弄清楚各职务的职责，同时还能显示出某业务有无负责人，或者是长期由其他部门兼管的状态。本来是不可或缺的业务却没有人负责，会成为"业务重叠""流程缺失""差错引发损失"的原因，或者变成违法行为的"温床"。

例如，管理部门总括了会计、财务、总务、劳务、人事、薪资和福利、教育、秘书、公关、信息系统、庶务等各业务。在公司规模逐渐扩大的过程中，还会需要内部稽核、法务、采购管理等部门，若为了检视股票上市就必须有IR（投资者关系管理）、CSR（企业社会责任）等业务部门。管理部门用会计数字衡量和管理现场作业的部门（在线部门）的行动，是督促或限制现场作业的部门，也是整个公司的会计思维总管。

当时的优衣库的管理部门只有两三个人，因此商品部或店铺运营部虽然列了负责业务的人名，但是管理部门都是空白的，想不被注意都难。公司的税务顾问不仅仅是进行税务申报，连月结和总决算也要靠他，完全没有专门负责会计或财务的人。现在看起来真是无法想象，但这是中小企业常有的情况。

我们访问过的领导层人员中，虽然有最适合当CFO的人（在广岛证券交易所上市时的常任董事），重要的会计人员却一个也没有，因此我拜托柳井社长尽早录用一些有经验的求职者来担任会计、财务的负责人。由于柳井社长懂得会计与财务的重要性，这件事很快就实施了。

会计和财务必须分开，以避免舞弊

一般来说，"会计"统理整个公司的会计、记账并进行决算；而"财务"是处理现金、存款、支票等有形的东西，并负责调度银行贷款等资金操作。会计与财务是两个代表性业务，不能由同一个人来做，否则容易发生舞弊，所以需要由不同的人担任，以形成互相牵制的内部机制。

例如，负责回收应收账款的人与负责记账和存款的人如果是同一个人，很有可能会发生以下状况：从A客户那里收了10万日元应收账款，负责人记下"收回8万日元"的不实记录，在账簿上记录并存入8万日元后，剩下的2万日元就被中饱私囊了。

如果由不同的人负责，并准备、运用互相检查的体制，就可以防止这样的舞弊行为。事实上，设计出无法舞弊的组织是经营者的责任。适当的人员配置与检查职能等各种手段和制度才是预防、发现舞弊的基础。用较为专业的词语来说就是"内部控制制度"，这也可以说是支撑会计思维的基础。

◆ 设定标准店铺的规模，以及每家店铺的"损益结构"

接下来，就是要设定优衣库标准店的规模与损益结构的模型。当时有的店面在购物中心里面，有些则是因为其他业种的店铺搬走后就直接进驻，形态不一。而我们决定以地方都市的主干线沿线的1650平方米用地、卖场以495平方米面积的仓库形式的建筑物为标准店铺，往后尽量统一以这个模式来展店。建筑施工的时候，陈列方式与销售管理等也做出标准模式，这不仅提升了效率，店铺运营的成本也变得比较低。

设定损益结构，立即能看出各分店的目标达成情况

以衣料来说，秋冬季商品会比春夏季商品的单价高，因此12月的销售业绩会最高，不过把每个月平均销售额设在2000万日元到2500万日元，目标是一年销售3亿日元左右。这里最重要的是设定每一家店铺的平均损益结构。

决定一年期店铺损益结构的目标时，设定各个目标都有凭据。如图表1-6所示，假设当初的标准零售价为120日元（当初的成本率为50%），即使在最糟的情况下，所有商品降价20日元（当初的售价的17%）。

从商品的状况来看，有些商品可能打折也卖不出去，但是有些完全不需要降价就可以卖得好，因此只要采购来的商品质量好，营业利益就有可能比较高。之后再慢慢增加自主策划的商品，获利率就会向上攀升。

事实上，在三年后的1993年8月底，优衣库有83家直营店、7家加盟店，共计90家店的营业额为250亿日元（100%），销货成本为154亿日元（62%），销售总利益为97亿日元（38%），销售费及一般管理费为75亿日元

（30%），营业利益为22亿日元（8%），已经非常接近这个损益结构了。

所有员工在工作上都很努力，但主要还是基于这个损益结构，公司才得以于1994年7月在广岛证券交易所上市。这个案例恰好告诉我们，以会计思维为中心设定正确的标准与目标有多么重要。

优衣库标准店的损益结构

优衣库标准店

主干线沿线	
用地面积＝1650m²	
卖场面积＝495m²	
低成本仓库形式的店铺	

> 每家分店年营业额需要达到3亿日元。

优衣库每一家标准店铺的损益结构（目标）

	初期	降价	降价后损益
销售额	120	20	100%
销货成本	60		50
毛利	60		40
销售管理费			30
营业利益			10

注：销售管理费中也包含总部的分配额。

图表1-6

◆ 按月迅速掌握预算与实绩的差异，立刻采取措施

月决算是否能完成得又快又准确呢？比较预算与实绩、发现经营课题的同时采取措施的效率有多高呢？我认为这些都是公司上市的重要条件。即使目标不是上市，这也可以说是成为一家优秀且强大的公司的必备条件（这部分很重要，在第二章会详述）。

月决算能显示经营实绩，愈快做好才能愈快验收

当时的优衣库离这个目标还很遥远，包括月决算与总决算都由税务顾问完成，月报表都是在下个月的20日以后才会收到，有时都已经接近下个月底了，这样是不行的。

月决算要在公司内正确、迅速地完成，然后与每个月的预算做比较，按照每个会计科目去核对，若有很大的差异，就要调查原因，如果不能尽早处理，那每个月的决算就没有意义了。

当时的优衣库只是把批发来的商品以现金收款的方式零售出去，损益结构很简单，因此并没有所谓由于延迟给客户寄送请款书造成每个月的结账延迟，如果出货的厂商送来请款书迟了，就催促他们早点拿来，如果延迟了计算员工的加班费，就更改发薪日，等等。只需做到这样的程度，很快就能达成月决算的目标。但是从采用会计人员到自己公司内部就能自行处理会计业务（称为"自我记账化"）的过程，也花了好几个月的时间。

◆ 把将来成功的原因与风险都弄清楚，设定成长目标

在筹备上市的最初阶段，我把"你认为将来优衣库成功的要因是什么？在成功背后潜藏的风险又是什么？"这个问题丢给柳井先生。我请他依据自己的答案，对各部门负责人灌输"这样做优衣库就会成功"的概念，并且彻底检讨、实施。

当时柳井正给各部门指示的要点是集中商品种类、设定明白易懂的价格标准、缩短进货流程、自主策划商品、实施完全买断政策、决定商圈和开店地点、缩短待客时间、销售作业标准化、广告单与广告宣传效果标准化、销售额与经费标准化等。当然，因为这都是一些很花时间的工作，非常需要持久力。

当时的优衣库虽是买断其他公司商品进行销售，但是从这些成功要点中已经可以看见优衣库制造零售业的萌芽了。

但是，决定集中商品种类、自主策划商品、不退货完全买断等，也伴随着相当大的风险——可能连一件也卖不出去，也可能会增加库存成本。现在或许可以说是柳井先生有先见之明，但这也让我感觉到，他在当时对于经营有非常高的"觉悟"与相当大的"胆量"。

CHAPTER **2**

"每月财报"与"预算管理"，
打造高效团队

用会计思维经营还不够，
行动迅速、彻底，才是公司成长的基本

1 五年后公司是什么样子呢？用 "反推法"制订经营计划

　　经营者经常是孤独的，要和众多的不安全因素奋战：如果商品卖不出去该怎么办？货款收不回来该怎么办？……每天都有许多烦恼。但是烦恼也没有用，得在脑子里构思许多解决之道，然后多模拟才行。围棋或象棋、相扑或棒球、足球或橄榄球等，无论哪种运动或竞技，与赛者都会事先模拟，事前分析对手的战术，然后对照自己的情况思考应对之道。而将这样的模拟具体化在商业上，就是制订经营计划。

◆ 预算是对未来目标的"期望"，也是为行动建立的"假设"

　　制订经营计划有两层意义：经营者放眼未来发展，带着"绝对要卖这么多"的期望，并且假设以"采用这个方法去卖，一定会畅销"为目标并付诸行动。对于必须采取行动才能获得结果的经营者来说，拟订经营计划等同于事前做准备，是最重要的工作之一，绝不可以假手他人。

设立目标，是为了知道现在应该做什么

　　此外，经营者应该有自己描绘出来的梦想——五年后、十年后希望把公司变成什么样，或者说公司发展的愿景。为了实现五年后、十年后的目标，由现在起算的三年后、一年后，以及现在这个时候，必须做些什么，经营计

划应该就是要这样"反推"回来制订。五年左右的经营计划称为长期经营计划，三年的称为中期经营计划，一年内的称为短期经营计划，或者称为"预算"。

也可以把预算的概念替换成"未来预想图"，若把预算当成经营的方向，由于所有的事情都在脑海里预想过，因此途中遇到危机也能沉着应对。因为编制预算的过程中已经设想了未来的危机或应对风险的方法。

不编制预算，毫无计划地工作，就不知道工作该做到什么程度。是不是做到这样就可以了？做到这个程度是否还是不够？……没有一个标准或目标可以比对就无从判断。而"预算"就是符合需要的标准。

从十年后的梦想反推回现在该做的事

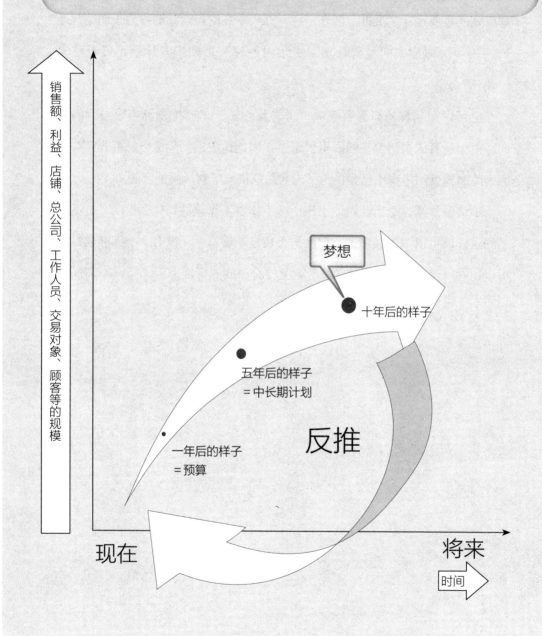

销售额、利益、店铺、总公司、工作人员、交易对象、顾客等的规模

梦想

十年后的样子

五年后的样子
＝中长期计划

一年后的样子
＝预算

反推

现在

将来

时间

描绘出五年后、十年后的样子，然后反推回去，思考现在应该做什么，然后实行。

图表2-1

◆ 拟订预算，"由上而下"型较有成长可能

具体而言，先制作出第二年的预算。如果公司的决算期在3月，那么年度预算就要自4月1日起开始做，所以在1月中旬左右就要开始准备，用两个月时间来制作。而公司规模越大，就需要花越多的时间以全公司为基准来调整，所以从前一年底就要开始准备。

一开始，先确定一个业绩良好的会计（决算）数字，接着确定目标数字，即"一年内期望的销售金额"。而为了达成这个销售额，得花多少成本和经费？如何做才可以赚到这么多的营业利益？……通盘考虑各种情况。若业务的种类或据点数量较多，就让个别负责人、据点的主管或部门主管去负责，经营者则掌握目标数字来拟订预算。

预算要取得大幅度成长与保守估计间的平衡

拟订预算的过程，有"由上而下"和"由下而上"两种：

*由上而下型：是经营者决定希望达到多少销售额或利益，以目标销售额、目标营业利益为基础开始做预算。

*由下而上型：是由各事业部门的负责人决定，多少销售额或利益应该是可以达成的，以此为起点来拟订。

大多数情况下，前者倾向于拟大幅度增长的目标数字，虽如字面所言，但仍应尽量避免强制性的"由上而下"的做法；后者则是"由下往上堆积"，因此容易流于拟几乎没有增长的保守低数字。

中小企业或独资企业都是由上而下型，但坚强且成长型的中坚企业、大

企业都是花时间去协调由上而下型与由下而上型的差异后才拟订经营者与各部门负责人的承诺数字（约定数字）。

◆ **过去的数字只能参考，不能当做基准**

拟订经营计划，虽然只是单纯地描绘了不久后的样子，但是过去的数字如"营业额比去年同期增加10％"等也常被使用。

对于要决定未来该怎么做的方针，过去的数字应该只能当做参考，不能过于依赖。如果过度拘泥于过去的数字，常会导致失败，相信很多商业人士或经营者都有过这样的经历。

有家公司三年来每年持续以10％的速度成长，翌年也以营业额增加10％为目标制订计划却失败了，于是又回到三年前的数字。紧接着由于考虑到通货紧缩的影响，制订了比去年减少5％的计划，但在期间却因为大幅度改变了销售商品组合，已经不再流行的商品又死灰复燃，卖得很好，但因为来不及调度商品，造成很大的机会损失（本来是应得的利益，却因为失去销售机会而未能获得的假设损失）。像这类失败的例子非常多，所以制订计划时，应该舍弃"过去的数字"，从零开始思考。

◆ **制定三种目标层级，既能激励员工又能确保达到最低标准**

一般情况下，人们往往会觉得预算或经营计划设定有其中一个就够了，然而，有些公司会设定两个，甚至三个。

为了激励员工突破下一个成长阶段，要制定"高目标值"，这是第一个层级。第二个层级是至少要确保销售额计划达到某种程度的"底线"。这两者的中间值，意即计划的"落点"则是第三个层级。不过同时有三个计划，可能在过程中会搞混，因此建议改成在年度一开始，就要做出参考目标值。

许多上市公司都会拟订两个计划，分别是依据各部门的现场负责人定的数值做成的计划，以及制订具有挑战性的较大数额的计划。意外的是，多数情况下，记载在财务季报中的是前者，也就是比较保守的数字。财务季报是向公司外的利害关系人宣告"下一期必达成的目标"，因此作用重大。

2 "预算管理"能让问题"更透明"

　　每个月把预算与实绩依各部门、各会计科目做比较，计算出其中的差异。和预算相比差异达到±5%以上者（依各公司状况差异也有±3%的情况），就需要分析产生差异的原因，然后从结果来思考该采取什么应对手段。在与预算相比有±10%以上的实际差异时，如果不是因为交易发生月份的落差，就应该思考事业或前提条件是否有根本上的问题。

◆ 用每月预算比较"计划"和"实绩"

　　刚开始做预算管理时，对预算的编列法不熟悉，概算额很粗略或者是在预估的时候就出现错误，这都是常有的事。在提高做预算的精准度之前，预算与实绩销售的差异可能多半都是源自预算编列上的错误。

　　预算管理的要点是，分析"如果再这样花费成本和经费也不能提高销售额，还可能造成大量赤字"时，就应该立刻中断该项目，采取其他对策。如果不终止项目或改变销售方式，就应该立刻配合大幅度低于预算的销售量，彻底削减人事费用或其他经费。

　　相反，若判断"畅销商品可能会因缺货而导致机会损失"，那就要追加订货或者批发替代商品。能判断"可能会出现大量赤字"或者"好像会发生机会损失"并拟订对策，是预算管理最重要的部分。

七个措施，把损失降到最低

例如，营业额、营业总利益、毛利率的实绩值如果比预算或前期实绩低，就应该采取下列七个措施，从错误中总结：

①增加畅销商品或其相关商品（包含顺便买的商品）的进货量。

②在停止批入退出潮流的商品的同时，应赶紧降价卖出存货。

③改变营业方法，把直营改为代理。

④增加销售商品的种类。集中于专门的商品，另外买进周转率不佳但利润高的商品。

⑤降低缺货率。重新检视畅销商品的进货方式（制造方法、调度所需时间、清算方法）。

⑥改变进货途径。不经过批发商，直接由制造商或其他途径进货。

⑦与使用进口原料的进货商和制造商交涉，降低单价（降低成本）。

各种措施之间可能会有矛盾，但是不试试看就不知道哪种方法会助你成功，所以请先尝试看看吧。

经常比较预算与实绩，并立刻采取对策

月度损益预算实绩比较表

科目	当月					累计		
	预算 (万日元)	实绩 (万日元)	预算比 (%)	实绩销售比 (%)	前年同月比(%)	预算 (万日元)	实绩 (万日元)	预算比 (%)
销售额	10,000	10,160	102	100.0	108.5	32,000	32,801	102.5
A项目	6,000	6,180	103	100.0	109.9	19,000	19,760	104.0
B项目	3,000	3,060	102	100.0	101.2	9,570	9,542	99.7
C项目	1,000	920	92	100.0	110.0	3,430	3,499	102.0
销售总利益	2,500	2,510	100	24.7	108.6	7,960	8,195	103.0
A项目	1,560	1,620	104	26.2	109.6	5,020	5,231	104.2
B项目	650	670	103	21.9	99.6	2,120	2,114	99.7
C项目	290	220	72	23.9	109.7	820	850	103.7
销售额管理费	2,000	2,045	102	20.1	100.8	6,000	6,020	100.3
员工人事费	480	495	103	4.9	103.5	1,430	1,432	100.1
兼职人员人事费	420	455	108	4.5	106.7	1,260	1,305	103.6
卖方、促销、广告费	350	320	91	3.1	86.0	1,050	1,008	96.0
土地租金	450	450	100	4.4	98.5	1,350	1,352	100.1
租赁费用、折旧费	100	102	102	1.0	94.3	300	305	101.7
其他	200	223	112	2.2	120.0	610	618	101.3
营业利益	500	465	93	4.6	162.6	1,960	2,175	111.0
营业外收益	0	26	–	0.2	130.0	0	42	–
营业外费用	0	55	–	0.5	127.9	0	73	–
税前净利	500	436	87	4.3	165.7	1,960	2,144	109.4

	预算实绩差异分析评论	对策
销售额	A项目、B项目预算比分别为102%、103%，由于某种原因C项目有8%未达到预算。	C项目将××地区定为销售重点地区，决定由本月开始实施××。
兼职人员人事费	之所以产生A项目的员工人事费，是因为加班增多；之所以产生兼职人员的人事费，是因为排班调整不顺，两项都超出了预算。	重新检视A项目的标准作业，减少员工加班。兼职人员排班调整应精细化，改善调整表。
促销费、广告宣传费	由于某些原因导致促销费延误入账。因为要重新构思广告单，因此广告宣传费挪到下个月以后。	广告宣传单有助于提升品牌力，要从根本上重新检视。

◆ "数字"是最好的"警报系统",只要你看得懂

其实,并非只有编列预算的管理部门才管理预算,也并非每个月在董事会上报告完预算就可以了。在经营上出现重大问题的时候,如果没有设计能立即发出警告的"警报系统",让所有相关的部门都能直接采取行动,预算管理就没有意义了。

在工厂里,当出现不良品时,会立即发出"停止生产线"的闪光灯或警示音提示,"警报系统"就是类似这样通知发生危机的经营管理系统,判断"有不良品出现"的就是预算管理部门。至于判断基准,例如每个月的不良品率和计划有±5%以上的差异时,就要立即分析原因、制定对策并实行。而且为了能尽早发出警报,应该在接近月底的时候就要先预估实绩。

掌握每项数值的变化,就能立刻发现问题

不仅仅是营业额,进货量、毛利、贡献利益或库存余额等都是重要的管理要素。不只是掌握这些会计数字,其他如订单数量、首次合格率、顾客投诉量等非会计数字也是非常重要的。建立这些数字的计划值(目标值)与实绩值,每天比较,掌握其变化,当实绩显示出超过计划值的异常现象时,就应立刻对相关部门发出警告,这也是改变对策的时机。

有些人认为商业的基础是让"PDCA循环"运转,我必须再一次重申,这对任何一个阶层都极为重要,每个人工作时都必须重视。以我的经验来说,PDCA循环搞得越好的公司成长越快,效率也越高,这应该是这些公司连发展进程、步调都比较快的原因。

在这当中，编制预算应该算是计划、实行（实行结果是每个月决算的数值），之后的预算管理，则是检查及行动。

◆ 把完成每月报表的时间限制在"下个月5日以前"

每个月的财务报表要花多少时间制作呢？一般来说这与会计部门的能力及全公司各部门配合的程度成正比，与业种（有无预估计算或存货评价）或规模（关系到企业的子公司、相关企业的数量）也有关，因此不能一概而论。但如果是每个月结算一次，就必须在下个月5日之前完成才可以。

当月的绩效反应预算结果，早分析才有好对策

每月的财务报表是预算管理的基础，实绩出来之后要与各个部门的预算比较，出现大幅度偏差的部门，在分析内容后要立刻采取应对措施，越快越好，就像是会致命的疾病，越晚开始治疗就可能为时已晚。即使业绩很好，有时候却发生了早该发现的状况，例如发生缺货，却因为采取措施太晚而造成机会损失。

然而，也不能因为太过重视速度而忽视正确性，既想减少制作时间还要正确做出每月的决算是很辛苦的。

即使如此，我还是建议，有"下个月的15日会做好"或"一定要下个月的20日后才能完成"抑或"决算全部都委托给了税务顾问，因此每月决算要到下个月底才从顾问那里拿到"这些想法的公司，能重新思考每月决算与预算管理的重要性。

　　优衣库在二十几年前也是月报表很晚才能完成。看看他们现在的表现，只要有心，任何一家公司都可以很快地完成月报表，成为像优衣库一样的强大公司。

3 流程标准化，终结"拖延、没效率"

月底结账，直到下个月的5日还无法关账，为什么会拖这么久呢？一开始枪口都对准会计部门，直指"会计部门效率很低"或"人手太少"之类，但是查明拖延的原由之后，才发现主要还是由下列七种会计以外的因素造成的。

◆ 月底的结账为什么要拖到三个星期以上

①业务负责人给请款书太慢。应该在月结时送的请款书到下个月5日之后才送出，然后才通知会计说当月的销售额是多少。

②在月底前已经发给客户的货或已提供完成的服务（修理或配线工程等），却在下个月初才决定契约金额，提出请款的时间也晚了。

③进货厂商的月结请款书都要到下个月的10日前才会送到，接着还要与出货单对比，如此一来又花了很多时间。

④经由外包管理部门检查后提出的请款书，总是要超过下个月8日才会来。

⑤在签约之前就先把工程包给外包厂商，到月底完成工程并列入销售金额中，但是外包费用的金额一直没有确定。

⑥每个月底检查和处理库存的程序要到下个月10日之后才会完成。

⑦每个月计算兼职人员的薪资与结算加班费都很慢，报到会计那里都是下个月6日左右。

◆ "预算管理"可以帮你找出所有部门"导致浪费的程序"

看这些例子你应该知道，光靠会计部门的努力绝对不可能快速结完账。会计负责人的能力弱的公司更是如此。要改善这一点，就需要全体部门通力合作。

工作流程中，原来有太多无谓的步骤

①与②两种情况很明显是由于业务负责人日常的工作没有标准化的流程。制定标准流程，并彻底执行，发送请款书的工作毫无疑问一定会提早完成。

③与④两种情况，由于进货厂商和外包厂商的怠慢造成请款延迟，那么就应该对所有的进货厂商、外包厂商声明："如果请款书未于下个月3日前送到，给该厂商支付款项就必须延后到下个月。"此外，如果由于公司内负责人的怠慢使进货单价发生⑤的情况，外包费用一直不确定造成请款延迟，就定出负责进货、外包的标准作业，改善业务流程即可。进货厂商、外包厂商是本公司的伙伴，应该一起成长，绝对不能滥用优越的地位。

在第⑥种情况下，虽然只有期末决算的才需要正确慎重地评估库存，但是如果没有严重影响到平时的列计，应该首要重视速度。

在第⑦种情况下，改善业务，使时间能够缩短到什么地步是关键所在，但是如果到下个月3日前还做不完，就应该将结算日由月底更改成上月20日或25日。

无论哪种情况，经营者都应该自己领导和掌握，检讨该如何加快每月决算的速度，制定各种对策。这个时候要具体检讨"怎么才能办到"，而不是说"没有办法"就算了。

这是一个把公司里所有部门都拉进来，整顿并改善用预算管理体制让所有部门"体质"变得强健的好机会。若每月决算都很迅速，总决算也一定能迅速完成。

总决算是每月决算的累积，总决算时还要另外加上保证金计算、税金计算、存货评价、耗损计算等等。而上市公司还有联合决算（有子公司者）、股东大会相关实务、财务报告书制作业务、内部控制报告书的制作等程序，很费时间，但若非上市公司，就没有那么多其他的计算。通过改革实现迅速决算，就能把公司转变成更强大的公司！

◆ 缩短预算管理时间，避免时间、人力和费用的浪费

一般情况下，预算管理是每个月分析比较预算与实绩的数值，但是每天的销售都会提升的业种，就不能每个月一次，而是要以星期为单位，做每周决算与预算明细管理，采取的措施也会更快更有效，甚至还有企业更进一步往"每日决算"的目标迈进。

随时掌握每日变化，避免一切损失

虽然预算管理是以每个月一次为基础，但是每天都可以掌握实绩的销售金额、销货成本、各项经费，以及把每月其他固定费用金额除以天数，计算出大概金额，来进行每日决算。折旧费用、租金费用或管理部门的人事费用、杂费等固定费用，一个月只会计算一次，所以这些金额也是概算出每日发生额来列计。

若公司采用每日决算，则每一件商品的销售交易都能用缩短管理、监督的环节了。最重要的是，一线负责人的想法会随之改变，也能避免接可能会引发赤字的订单。

每日都做决算的代表性企业是HAMAKYOREX公司（东证一部上市）。该公司有成熟的物流、运输市场，到2011年3月为止的五年中，每年平均增加5%的员工，同时每位员工平均获得的税前净利极有效率地增加了13%。该公司的大须贺正孝会长创制的"每日收支表"被许多杂志报道引用，非常有名。

每天检查损益表，每月竟节省数百万日元

物流中心或营业所的每个据点每天都会做出简单的损益表，以检查是赤字还是黑字。如此一来就不会为了追求销售金额而勉强接受会引发赤字的订单，也很容易看出费用浪费在了哪些地方。不只是人事费用，保险费、折旧费用等也都要除以天数计算。在2004年收购的REX公司（原近铁物流）的某个据点中，更以每个员工每天省1000日元为目标，成功地削减了公司一个月180万日元的无谓开支（《日经金融新闻》2011年10月23日报道）。

每日决算并非对所有的公司都有效，所以它并不是最终目标，不过我相信对很多企业来说，是非常值得参考的做法。

4　培养用"数字"思考的管理人才

虽没有经过统计，但以经验来说，公司的社长大多是以技术或业务等一线出身的人居多。我想，除了历代长期都由白领阶层担任社长的上市公司，由管理阶层出身的社长并不多见。

技术、业务或营业领域出身的社长，会很重视跟自己在相同的领域出身的人才，都有不太重视管理部门的倾向。"管理部门出身的人并不能提高营业额或利润，所以只要安排少数人去就行了"，有些社长或许正是这样想的。

◆ 管理部门才是一家公司的命脉

但以往在伟大的知名经营者身旁，一定有负责管理部门的经营参谋，如同前述的松下幸之助身边有高桥荒太郎，本田宗一郎身边有藤泽武夫一样。无论什么样的组织，都需要领导人和管理人的角色，这样的组合在公司里也是不可或缺的。

"管理不会产生金钱，却要花钱"，会这么想的社长很明显是不合格的经营者。因为管理部门掌握着经营的"舵或罗盘"，也负责测量业绩产能，"正确、迅速的每月决算与总决算"，是其经营中最重要的工作之一。

用会计思维，才能根据数字做决策

管理部门要根据经营的实绩数据，来决定该采取什么战术，这个部门必

须能看清楚"经营的本质"，因此更应该网罗销售、生产、购买等领域并拥有会计思维的资深人才。

无论多么优秀的经营者，也不见得总能做出最合适的判断或决策。经营者也是有感情的人，也会有身体或心理上不适的时候。这时候更需要能提出"异见"的经营参谋。

财务管理部门的高层常被称为CFO（首席财务官），但他并不仅仅是负责财务。一般都认为，财务长应该被定位为经营者的参谋，就如同管理部门是整个公司的司令部一样。

◆ 管理部门要配合公司成长，随时调整业务内容

随着公司的成长和规模的扩大，员工也会增加。那么，一个企业要发展到什么规模才最适当呢？

虽然其所需规模依业种或业态会有所不同，但是，从一个人开始增加到5个人、10个人、30个人、50个人、100个人甚至300个人，企业每次成长的时候，一定会遇到障碍，发现许多经营的问题，与员工的沟通方式也不得不有所变化，最适当的规模也受领导人和每个员工的能力左右。

找出最适当的方式让组织有效运行

有一种由实际感受所产生的理论认为，"公司或组织就是一辆大巴"（一辆大巴搭乘50～60个人最为适当），不过如前所述，实际的状况会依业种和公司形态有所不同。

经营企业经常受各种变化影响，如天气的变化、消费者兴趣爱好的变化、原料供需状况的变化等，因此不能一概而论。以为公司已是最适当的规模时，很可能发生库存量增加太多或进货量太少或劳动生产率降低等内部经营失衡的情况。所谓最适当的规模，也许并不由员工数量来决定。

同样的，也很难评断管理部门的人数占所有员工多大比例才最适当。不过，在员工数为20人的小规模公司里，会计、财务、人事的负责人也需要2~3位，所以可以推论：公司人数越少，管理部门人数所占的比例就越高。

所以，不能仅仅看管理部门人数的比例，而是要看让他们做什么样的工作。支持经营者或业务、技术、基层的工作等，是不可或缺的工作，该用什么样的方式组织执行才是关键所在。

做决策的部门，要随时跟上一线的现况

把账单寄给顾客，是由会计负责还是由销售人员负责呢？检查进货厂商的请款书和支付各项费用的业务是由财务负责还是由采购负责呢？每天都会发生需要厘清责任范围的问题。由哪个部门负责才能正确、有效地完成，而且对内部控制（防止出错或舞弊）有帮助，必须冷静地比较和思考，自己找出结论。只要坚持"无论是哪个部门的人，都希望部门成员能和公司一起成长"的想法，必然会找到最适当的解答。

此外，我感觉处于创业期或成长期的公司，其管理部门的员工占全体员工的比例应该不会很高，但是在企业打好基础并成熟之后，这个比例就会有升高的倾向。

大企业里这样的故事时有所闻：管理部门逐渐远离"前线"，态度渐渐变得傲慢，最后变成不支持"前线"，沦为只会指手画脚的"大头"部门，等发现的时候，该部门已经臃肿——可以说这是种大企业病。发生这样的情况，就应该大刀阔斧改革，将管理部门与现场组织的人员互换。

不要轻易裁撤管理部门的人员

当企业的业绩不好，短期看来不会好转的情况下，一般都会削减成本——削减经费或外包业务、进货一体化、整顿人员等。

假设面临需要裁员的情况，应该会以全体员工为对象，但是如果要先裁撤对业绩没有贡献的部门，经常会先拿管理部门开刀。若管理部门严重臃肿，自然另当别论，但首先应该从现场作业部门着手裁员才是。管理部门对于经营来说非常重要，就连在需要重整的公司里，这个部门也是执行重整计划的中心。顺便提一提，裁员的本意应该是再造组织，并非整顿人员。

5   "盘点"和"账款余额"可以验收营业实绩

"实地盘点与账上库存金额出现多大的差异"，简略来说就是"实际盘点差异比率"，它与"每月决算的速度"一同被列为判定公司决算处理能力强弱的指标。

通常一年会进行"半年结算"与"期末决算"两次实地盘点，这是决算的重要程序之一。到存放地点将商品、制成品、半成品、在制品、原料、储藏品等资产逐一盘点清楚，与账簿上的存货数量对照，确认是否存在差异。

◆ "实地盘点"考验数字思考力

清点数量的方法有计算完成品的个数，或者用各种测量的工具测定。例如在制品中的情况，就要把做到完成品为止的进度用不同的测量单位换算出金额。

为了在实地盘点中不弄错、漏算、重复计算库存商品名称、质量、数量、货号等，要事先制定盘点的程序或规则，以及平常该由谁盘点、如何进行盘点的计划或手册。与此同时，为了检验盘点的精确度，要由不同于平常盘点的负责人来"会同盘点"，到现场视察，有时候也要进行突击检查。

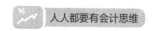

盘点不仅仅是"清点数量"那么简单

我在监察机构任职时，去过很多家公司会同盘点，累积了很丰富的经验。例如深夜到没有客人的百货公司视察员工盘点；在制造厂商的地方工厂或仓库，一面发抖一面抽检零件；到农业大学的农场跟职员一起盘点猪的数量；穿着防寒衣进入食材批发商的零下几十度的冷冻仓库里；穿着安全靴、戴着头盔，爬上高达数十米的铁网格栅楼梯到炼铁工厂的石灰炉。

建设公司在3月期末会同实地盘点时，我到地铁有乐町线隧道的盾构工程现场一线，就为了看他们挖掘到什么程度，以便推算进度，还盘点了预制混凝土构件的数量。对建设公司来说，"在制品"称为"未完工程支出款"，会同盘点时要确认期末存货的金额与实在性（不是虚构列计），这在会计查核中是很重要的工作。

实地盘点不仅仅是清点实际的数字，还要调查商品或制品有没有因为褪色、变形而变成不良品，以及是否已经不再流行。然后必须评估要把原来账簿上的估价金额减少百分之几，连同下一个年度卖出去的金额从账簿金额扣下来（存货盘亏），或者直接报废等。实地盘点意味着为公司拥有的财产评估正确的评价金额，是重要的程序。

不过在税务上，存货盘亏的金额有时候不会被认定为费用（按税务词汇来说是"损失"），所以必须注意。这个时候要用自动调整（另外支付税金）的方式来处理经费。

◆ 库存差异展现的五个问题

接着我们回到刚开始说的"实地盘点差异比率"的问题。公司整体账面余额与实地盘点的余额如果出现2%~3%的差异，就必须将其当做很大的问题。例如产生5%以上差异的公司，其内部便会存在以下五个问题：

①库存商品"进出"方法有问题。同时，有可能在进货时并没有适时将进货量记录在账簿上（输入至系统）。"进出"说起来简单，却包含了入库、入库后退货、出库、出库后退货这四个程序，若再包含仓库内移动（入库与出库）就有六个程序。应该检讨哪里容易出现什么错误，将业务流程标准化，然后把进出货的方式改为适当、正确的程序。

此外，还要区分频繁"进出"的货品和很少移动的"不动库存"，为了更有效率地开展业务，应该和其他库存的场所有所区分。

②实地盘点的方法有问题。通常会再次检查余额出现差异的货品，但探究原因大多是漏计或重复计算，只要切实制定实地盘点的规则，多数问题都能够预防。把仓库中的每个场地的编号分配给负责的人，所有的架子都贴上号码牌（货架标示），从右上方的架子开始往下盘点，盘点完就取下号码牌，然后移到左边的货架，依此顺序实施，一直到所有的货架标示都被回收后，实地盘点就结束了。

③失窃的情况频繁。防止偷窃是零售业共同的课题，只要顾客一进店里就立即热情地招呼："欢迎光临！"这种基本动作，对于想行窃的人来说，

会成为一种"我正在注意你哦"的牵制作用，实际上是很有效果的。

④公司内部可能有舞弊行为发生。如果出现了负数差异的都是些高单价商品，有可能是员工盗领或员工与冒充顾客的朋友连手盗领。遇到这些情况，除了实施摆放镜子、保安巡逻、设置防盗装置等防范对策，平时还应与员工多沟通。上司与下属如果有良好的沟通，就不会发生这种舞弊行为。

⑤记入账簿或系统（进货、购买、库存、销售）时发生错误。即使正确地实施了实地盘点，但用来对比的账簿有错，也会引发新问题。除了过去的错误没有修改就这么放着不管的情形，还要注意有没有可能是因为没有做好采购管理（从下订单到进货验收）系统、销售管理系统、库存管理系统与会计系统间的链接。

盘点也能检讨该如何减少浪费

以上所有的问题都解决后，"实地盘点差异比率"应该在零以下。经过不断的努力，库存管理的精确度也会提升，业务朝向标准化迈进，工作效率肯定会提升。我建议经营者要实地会同盘点一次，因为问题总是发生在"前线"，所以要解决问题也是在"前线"盘点时想出来的办法最好。

说个题外话，日本的上市企业有70%以上是在3月底决算。然而出乎意料的是，零售业有很多公司是在2月或8月决算，优衣库也是在8月决算。这是因为对零售业而言，一年中营业额最少的月份就是2月与8月，在这个时候盘点，库存量是最少的，盘点很快就可以结束。这是根深蒂固的习惯，也是很合理的考虑。

盘点就等于大扫除，打扫干净屋子的同时，必须从头检讨等于现金的每一种商品、制品、原料可以减少到什么程度，也就是确定最低库存量、最适当的库存量等问题。

认真做好实地盘点的事前准备

8—A—1—❺制作时间表

在时间表上记录预定的整体作业，以及每个人预定的作业。

8—A—1—❹制作盘点作业分配图

决定各项作业的负责人，并在盘点配置图上写上负责人的姓名与负责的范围。

8—A—1—❶小仓库的商品整理

盘点的前一天实施的作业

1.整理仓库。将商品与数据区分开。

2.处理B品。

3.吊牌脱落的商品……

8—A商品管理　实地盘点作业手册

1.事前准备

（1）小仓库的商品整理

（2）确认外围机器运作

（3）制作盘点配置图

（4）制作盘点作业分配图

（5）制作时间表

（6）准备货架标示

（7）盘点说明会

（8）确认各账簿传票

（9）整理卖场

2.实地盘点

（1）定量确认、清点数量

图表2-3

◆ "应收账款"余额与"应付账款"余额的差异

企业在证券市场上市时，必须由监察机构进行至少两个会计年度的会计审查，确认是否拥有符合上市公司要求及准确、适时地做出决算等文件的能力，这是上市时审查的重点。

向客户查询应收账款余额

监察机构在决定是否接受该会计审查的契约前，会先花一两个星期"预备调查"（Quick Review）目前会计处理的现状。在预备调查结果报告书中所提出的问题，多为前一节所述的"实地盘点差异比率"和应收账款余额或应付账款余额的差额。

余额确认，是指如为应收账款，就应确认公司期末的应收账款余额与交易对象（顾客）的应付账款余额是否一致。向交易对象发出"本公司的应收账款余额是××日元，请告知贵公司的应付账款余额"的余额确认通知（余额确认书），并请对方将回复函邮寄给监察机构。若有差异，就请对方写下内容和金额寄出。几乎所有的公司都是在预备调查的时候才首次进行余额确认，所以大多数情况下都会发现有很大的差异。

确认应收账款余额时，如果本公司的销售列计是以出货为基准，而顾客的进货列计是以验收为基准，那么通常在进出货的时候就已经产生差异了。回复的确认书中若发现大幅度的差异，就要注意可能有虚构的销售额，或者调整了销售列计（时间落差）。

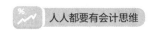

◆ 从"应付账款"余额的差异中发现的五个问题

应付账款余额的确认同样会有出现差异的时候，但是调查产生差异的内容后会发现，通常除了"结账日与对方不同""会计处理列计基准不同""货品仍在途中"等原因，有时还会显现出下列意想不到的问题：

①进货厂商过度请款、重复请款，经调查后发现事实上已经付款。

②差异几乎都是本公司漏列进货数字，也就是支付不足。

③本公司列计的进货品名和单价与进货厂商不符，从几年前就没有处理，一直留到现在。

④导入采购信息系统或者切换系统时发生了错误，未曾消除，留到现在。

⑤有数年的进货商品减价或退货一直都没有处理。

加入"预防"和"检查"步骤，确保获得最大的利益

原本进货等采购管理业务分为下单、购买、支付这三个程序，是公司业务中最容易发生舞弊或错误的领域。每个程序都需要多名员工处理，但是为了避免舞弊和错误，还是必须把"预防"及"发现"的检查体制（内部控制制度）加到程序里。

从确认第一次的应付账款余额开始，通过刚刚提到的分析差异的作业，可以了解加入检查体制的重要性与必要性。为了避免产生错误，准备并运用内部控制制度是经营者的责任。刚开始可能会有点麻烦，但只要积极地进行就能取得效果，也有些公司会借这样的机会改善程序，以便下订单时能够确

定最适当的库存量。

　　一般来说余额确认是会计机构进行会计监察的一环，但是由于只集中在很重要的交易余额上进行，因此也有些公司会自行确认所有的交易余额。为了检验公司的会计实务是否适当、正确，每一次期末决算都会主动发出确认书。

6 不只是货物盘点，员工的"工作盘点"更重要

假设你在午休时进了一家面店，点了荞麦凉面。有些店在5分钟之内就会把面端到你面前，也有些店在等了20分钟后都还没端出来。该如何缩短时间做出好吃的面呢？要在煮面过程中的准备工作、制作方法以及材料或调味料放置的场所等方面下功夫，因为这些都会造成差异。

◆ 做工作拖拖拉拉，公司不会有利润

这和工厂中制造成品的工程分析方法完全一样。首先用码表测量各个工序作业需花费多久时间，接着思考该怎样缩短时间。除了那些顾客不得不排队等候的名店，如果不努力改进，点菜后非得等20分钟以上的店，客人是不会再次光顾的！

和我刚才说的面店一样，任何一家公司都是由"人"构成的组织，是由所有员工的工作集合而成的。如果每个员工的工作都停滞不前，便会给客人造成麻烦，营业额无法提高，更不会有利润。

部门之间的隔阂不能妨碍工作，造成工作停滞，如果平常无法保证所有员工都以同样的速度工作，使流程免于迟滞，那么开展组织工作就没有意义了。组织的力量之所以重要，是因为组织不仅仅能集合个人的力量，而且能让团队配合，这样才可能完成更多的工作。

◆ 这样分配工作，最省时、最省力、最有效率

假设有10位员工，大致分为两个团体，5个人的工作＋5个人的工作也只等于10人份的工作，或者是某个人扯了后腿，因此只能做到9人份的工作。比起这种"做加减法"的公司，若是能成为5个人的工作×5个人的工作＝25人份工作的"做乘法"的公司，孰优孰劣就显而易见了。

进行全体员工的"工作盘点"，就能废除目的不明的无谓工作或重复工作。另外，该怎么提高工作速度、该怎么标准化、哪个部分该如何系统化、哪里该采用外包制等，都要拿出来检讨。无论多么辛苦的工作，都应该制定完成的期限。工作没有流动就不能称为工作，停滞的时候应该找出产生瓶颈的原因，并且立刻解决掉。

把工作标准化，就能减少浪费

不过该注意的是，会陷入瓶颈的人并不一定都业务能力低。有能力的人不把工作交代给下属，自己一个人揽下所有工作的情况也很常见，这样的人一旦休假或离职，就会对公司产生极大的影响。在演变成这样之前，经营者应该带头在全公司强制推行整顿工作（再分配、减少浪费、标准化）。

企业所处的环境在不断变化，客户的喜好也随着时间推移在变化，因此持续提供类似的商品或服务是行不通的，必须按照环境的变化或顾客嗜好的变化更新商品或服务内容。企业与生物一样，如果无法适应环境变化就会灭亡。必须重新检视工作内容，以适应环境变化才可以。因此，定期"盘点工作"是必要的。

CHAPTER **3**

用数字思考，
公司当然会赚钱

立即找到"工作中的浪费"和"多余的工作"，
精简工作流程，轻松达到目标

1 你会构建"能帮公司获益"的结构吗

公司主要业务的基本损益结构与现金流量结构是什么样的呢？

如果是用现金付款的零售业，用100买进商品，再用150卖出去就能得到50的毛利。从毛利中扣掉店铺的租借费用或人事费用等经费总计40，留下税前净利为10，这就是所谓的"损益结构"。

◆ 一定要懂"损益结构"和运营"现金流量结构"

相对的，现金流量结构有"营业现金流量""投资现金流量"及"财务现金流量"三种。

①营业现金流量：从营业额、进货、支付人事费用或经费等一般的营业活动中产生的现金收支。

②投资现金流量：从设备投资、放款、购买有价证券等投资活动产生的现金收支。

③财务现金流量：从银行借款或还款、增资等财务活动中产生的现金收支。

就事业的基本结构而言，首先应该了解"营业现金流量结构"，其模式与营业债权（应收账款、应收票据）的回收条件及应付债务（应付账款、应付票据）的支付条件有关系。

以六个月为期，观察哪一种现金流量获益最高

一种情况是，用前述的简例来看，如果把现金买入的货品用现金卖出，用现金支付各项经费，剩下的税前净利就是现金10。另一种情况是，如果将进货商品开立四个月后的远期支票，以现金零售，即使各项经费（店铺租金、人事费用）都要在当月支付，月底也可以剩余150－40＝110现金，可以用于下个月进货。即使入账（回收）条件一样，只要支付条件不同，现金流量的结构也会截然不同。哪一种方式比较有利，立刻就能得知。

以这样的损益结构为前提，分别假设营业现金流量为"现金进货、现金销售"，以及"四个月后的远期支票、以现金销售"的情形，各自持续六个月后结果如图表3-1所示。即使损益结构与入账条件相同，只要支付条件不同，六个月后的现金余额就会相差400。但实际上账款回收条件有可能是三个月以上的应收票据，或是购买固定资产，不太可能这么单纯。

这两种流量的数字结构是否正常，也就是留下正数的利润和现金，才是该事业是否能存续下去的试金石。如果损益是赤字、现金流量是负数（现金先支付出去），该事业就没有存续的意义。只能改变损益结构，或者改变进账（回收）条件或支付条件（与对方交涉，请求变更），别无他法。

把结构单纯化，才能清楚地比较差异

无论多么复杂的交易，只要单纯化就能看出它的损益结构和营业现金流量结构。退货、减价、修改单价等例外状况较多、很难单纯化时，说明难以单纯化本身就是问题所在，应该努力消除这些例外。

　　像优衣库这种拥有多家分店的企业，只要决定好标准店及其损益结构，整个公司的损益结构就等于"标准店的损益结构×店铺数"。说得更准确一点，从"标准店的损益结构×店铺数"得到的税前净利，扣除总部的经费的数字，就是公司整体的税前净利了。

　　假设总部所有经费并不会随着营业额增加，该结构就是当店铺数超过一定数量时，会产生大幅利润。反过来说，随事业规模扩大，会成为利润随之递增的结构（收获递增结构）。"每个店铺的业务标准＋低成本作业"及"小总部体制"是理想的目标。

　　显然，如果是随着规模扩大，不仅仅是变动费用，就连总部经费也会持续膨胀的产业，就应该及早放弃。

损益结构与营业现金流量结构

损益结构

用100买入的商品以150卖出。从毛利50中扣除店铺租金或人事费用等经费总计40，剩下税前净利10。假设同样的状况持续六个月：

	1月	2月	3月	4月	5月	6月	合计
营业额	150	150	150	150	150	150	900
销售成本	▲100	▲100	▲100	▲100	▲100	▲100	▲600
毛利	50	50	50	50	50	50	300
各项经费	▲40	▲40	▲40	▲40	▲40	▲40	▲240
税前净利	10	10	10	10	10	10	60

营业现金流量结构

①以现金批货、现金销售

	1月	2月	3月	4月	5月	6月	合计
月初现金余额	100	10	20	30	40	50	100
现金收入	150	150	150	150	150	150	900
现金商品采购	▲100	▲100	▲100	▲100	▲100	▲100	▲600
现金支出（经费）	▲40	▲40	▲40	▲40	▲40	▲40	▲240
偿还借款	▲100	0	0	0	0	0	▲100
当月期末现金余额	10	20	30	40	50	60	**60**

图表3-1

②以支票（四个月远期）批货、现金销售

	1月	2月	3月	4月	5月	6月	合计
月初现金余额	0	110	220	330	440	450	0
现金收入	150	150	150	150	150	150	900
现金支出（经费）	▲40	▲40	▲40	▲40	▲40	▲40	▲240
支票到期日	0	0	0	0	▲100	▲100	▲200
当月期末现金余额	110	220	330	440	450	460	**460**

依据支付条件不同，会出现这么大的差异！

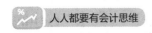

◆ 毛利率和管销费用比率的数字，会随业种变动

用销售总利润（毛利）除以营业额的指标数字是"毛利率"，用销售费用及一般管理费除以营业额的指标数字，称为"管销费用比率"。一般来说这些数字会因为业种的特殊性而有一些类似。

毛利高不代表"好赚"，管销费用也会更高

损益结构与现金流量结构会因为制造业、批发业、营建业等各种不同业种、业界生态、规模、业界交易习惯等而有所不同，并且因设备投资造成的折旧费用或研究开发费用等规模大小的差异，又会形成截然不同的结构。

例如眼镜店的损益结构是毛利率60%~70%，管销费比率为50%~60%，税前净利为5%~10%。虽然毛利率非常高，但是也显示出开设足以让顾客信赖的店铺必须有完善的员工教育训练，还得把经营主力放在周末，以方便客户光临的独特经营结构。

药妆店的毛利率为25%左右，管销费比率为22%左右，而税前净利约为3%。它以现金零售为主，所以现金流量比较充足。但是，医药用品或日用品的毛利并不是那么高，为了提高税前净利，必须大量销售，因此雇用兼职人员和压低店铺的运营成本都是必要的。

酒类销售的毛利是18%~20%，管销费用比率是16%~19%，税前净利率是1%~2%。虽然现金流量没有问题，但是啤酒和矿泉水的毛利率非常低，为了得到标准值内的税前净利，比药妆店更需要留意降低店铺运营成本。

跳脱"业界的常识数字"，做出正确判断才是重点

就制品、商品的销售价格而言，除了垄断企业，大多数情况下都是受到各自的市场状况限制，卖价无法用"成本价格＋利润"直接计算出来，毛利率难以提高的情形很多。

然而，即便因为业种特殊，自家公司和同行业公司的损益结构相似度高，也不能被这种"业界的常识数字"迷惑。如果被这些数字束缚住，只能与同业的其他公司齐头并进，而无法脱颖而出。

重要的是思考如何改变损益结构或现金流量结构以获得利润，怎样才能增加只有本公司才做得到的附加价值。想让公司成长，就不能被业界的常识数字迷惑，要看清自己公司结构的本质，在面临销售价格、经费或设备投资支出等各种特定的局面时，做出正确的判断。

◆ "提高毛利率"，就该采取六个"简单化"措施

提高毛利率并不那么容易，却是每个公司必须正视的问题：

①重新考虑售价：把应该提高或降低售价的商品区分开来，分别处理。

②重新检视商品结构：应该从商品种类的多寡和幅度、价格结构等角度来重新看待。

③与进货厂商交涉降价事宜：要想让交涉朝有利的方向进行，就要集中进货商品，确保数量。

④与进货厂商交涉，SPA（制造零售业）化：SPA化的方法很多，在这里省略详细说明，因为如果没有达到某种程度的制造量，就无法与制造商交

涉，所以要找出哪些商品会畅销，集中心力拟订这些商品的企划、销售计划。第一步，就要从"特别订制"开始。

⑤放弃从批发商或大贸易公司进货，改为直接与制造商交易。

⑥如果是制造商，可以重新检视包括制造方法在内的所有成本项目，彻底削减成本。检讨内制或外包哪一种才是最适合的方案，并且实行。

◆ 降低管销费用，五个"节省"措施最有效

相对于营业额，接下来就是该如何降低销售费用及一般管理费用所占的比率，也就是该如何降低管销费用比率。首先是分析销售费及一般管理费（以下称管销费用）的内容，分为固定费用、变动费用、准变动费用。

管销费用包括销售费用、人事费用、房屋土地租金、借贷、租赁费、折旧费用、通信及交通费用、办公用品费、公关费等。不过，一般来说，除了与营业额联动的与销售相关的费用（销售手续费、信用卡手续费、促销费用、包装费等）以及兼职人员的人事费用，管销费用几乎都被认为是固定费用。

①控制人事费用。即使营业额不高，但企业每天还是会生产，因此人事费用是一笔相对固定的费用，而且人事费用占管销费用的比例最大。最理想的情况是，生意好、客户多的时候多安排点工作人员接待客户，没客户的时候就只有从事准备工作的工作人员在现场（不产生人事费用），可惜这很难做到。

因此，以连锁方式开店的零售业、餐饮业，往往只有店长及2~3名正式职员（或者只有店长），其他都雇用兼职人员，企图"将人事费转化为变动费用"，只要让正式员工以外的兼职人员在忙碌的时候工作就行。重点在于如何依据经验来制作人员配置表。人员配置表充分体现了各公司的专业性，许多公司只用兼职人员运营店铺，甚至有些上市公司用兼职人员担任店长。

②尽量不让员工加班。加班原本就是上司对下属的业务命令，因为有必要，所以工时超过平常的时间。超时工作是指一个月加班超过（标准工时）80小时或100小时，这种工时要求本身就有问题。如果经常对业务的标准化与人力成本做清查，平时就检讨某些工作的必要性，那么我相信无论是哪个部门，除了定期的结账日加班，都能创建出平时便无须加班的体制。这完全是经营者的责任，如果可以一直不加班，就能为安全卫生及消减人事费用做出贡献。

③标准化、系统化可节省力气。详细调查营业或CS（顾客服务）等业务的现状，逐步改善流程使其标准化，除把所有能够用计算机处理的业务全部系统化，也要分割出能外包的业务。当然，最重要的是工作的质量不能降低。

④合同条件。要从根本上检视沿用至今的销售渠道，看看与营业额连动的相关销售手续费、促销费，同时每个科目都以零基（Zero Base，意即不要参考过去的任何数字）的方式思考是否对增加销售金额有效果。也许需要花一点时间调整与顾客、交易企业签订的契约中约定需支付的销售手续费或促销费用等条件，但是这笔费用是不能省的。既有的契约对象可以慢慢改变，

至于新的契约对象就要立刻变更。还可以试着与其他签约的公司联合，一起向银行交涉，请对方降低信用卡商家手续费。

⑤广告宣传费的支出。关于广告宣传的方式，从制作网页到散发广告单、广播电台广告、电视广告、与杂志媒体合作、调查顾客意见等，种类数不胜数，但效果很难测定。此外还有利用Facebook、Twitter这种几乎不花钱（虽说如此，但相关人事费用不可小觑）的方法，以及花费巨资做电视广告等方式。应该重新思考什么方式适合宣传自家公司的商品，从一次次尝试中学习，不多尝试是难以有结果的。

此外，因业种、业界状态、规模不同，管销费用各个科目的重要性也会有差异，要从重要性高的项目中检查，看有没有可以削减的费用。

2 用"数字管理"一眼看出各部门的执行力

公司在创业初期一般都只经营一种业务，或者只赌在一种商品制造上。因为可能只有一个部门，所以很容易计算损益。然而，经过一段时间和一定程度的成长之后，若只仰赖一种商品，就无法应对环境或其他条件的变化；或者当热潮过去，消费者觉得腻了，企业也有可能突然一蹶不振。

◆ 把本业做好，别让多元化业务变成阻力

可以拟订中长期计划，找出并开展第二种、第三种业务，让它们茁壮成长为企业的支柱，以应对这种风险。

但必须把本业作为整个公司的支柱，如果因为本业无法发展而将其放弃，并去发展第二种、第三种业务，那就是本末倒置了。

其实专注于单一业务的企业，在上市的制造商中相当多。将特别优越的一款商品不断推出类似的、改良的商品，以及努力将该商品全球化，都是相当困难的事情。这样的努力当然是值得尊敬的，但还是难以让企业脱离经营过于单一的情况。这些企业的各商品或各部门的损益，几乎等同于各据点的损益。

◆ 算出获益能力强的部门，奖励或扩大它

计算各部门损益是指正确区分各部门的营业额、销售成本、管销费用，计算出各个事业部门的税前净利。一家在成长的公司，应该要了解各个部门对公司的税前净利有多大的贡献。

通常，管理营业额、销售成本及毛利要按各部门区分，但是管销费用不只是营业部门固有的产物（应该直属于管理部门），也包含了总部、总公司职能的部分，因此鲜有公司会连营业部门的利益都计算出来。为了得出税前净利，属于总部、总公司职能性的管销费用必须按某种分配标准分配到各个单位才对。

管销费用要分科目仔细清查，计算出直属于营业部的费用之后，剩下的共同费用就依照每个科目、各部门营业额、各部门员工人数、各部门工作场地面积等分配标准来分配。再从各部门的毛利中扣除最终分配后的管销费用，计算出税前净利。

各部门损益表上，连税前净利都要计算出来

将总公司经费分配到各部门，完成各部门损益表

算式	① 营业额	② 销货成本	③ (①-②) 毛利	③÷① 毛利率	④ 直属管销费	⑤ (③-④) 贡献利润	⑥ 管销费间接费分配	⑦ (⑤-⑥) 税前净利	⑦÷① 税前净利率
A部门	5,000	2,700	2,300	46%	1,000	1,300	625	675	13.5%
B部门	3,500	2,100	1,400	40%	800	600	438	163	4.6%
C部门	2,800	1,904	896	32%	550	346	350	▲4	▲0.1%
D部门	700	364	336	48%	120	216	88	129	18.4%
总公司	–	–	–	–	1,500	▲1,500	▲1,500	0	–
合计	12,000	7,068	4,932	41%	3,970	962	0	962	8.0%

＊总公司产生的经费1,500，在此为了便宜行事，以各自的营业额为基准分配到四个部门。在实务上，应依照每种经费的内容检讨分配基准，然后再分配。

分配基准的实例：人事费→分配部门的人数或人事费

设备费、折旧费→分配部门的使用面积

销售费、广告宣传费→营业额

制作出各部门的损益表，评价各部门的业绩。
→如果C部门再做半年还是不行，就要裁撤，强化税前净利率高的D部门。

图表3-2

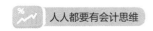

◆ 用数字结果决定，继续留用或裁撤

如果能计算出各部门的税前净利（损失），之后的工作就应该转向该如何评价各部门的表现。部门也称为Segment（区块），经营者要把哪一块做大、把哪一块砍掉，是非常重要的经营战略决策。

拉长观察期，设制停损点

在既有项目与新项目并存的情形下，有时候不要将二者一概评价比较好。当然，因为经营的时间不同，每一家企业"萌芽并开花"的时期也不同。

有在初期发展到某种程度就必须投入资金，数年后销售终于稳步增长的行业（药物开发、生物技术、软件开发、环境计测仪器等的研发行业），也有每次展店就需要一定比例资金的行业（零售业、快餐连锁店）等，成长过程也各自不同。评价各部门的生产价值，应该连经营的时间或税前净利的增长率等一并考虑，而非只集中在能产生利润的部门，或者立刻砍掉陷入营业损失的部门。

在公司内部定出规则，例如："在最初的两年内新企业即便是赤字，也要静观其变，到第三年时如果单月出现黑字，就等满三年后再评估，如果没有正当理由，到满三年后就放弃。"若第三年的每月决算能渐渐减少赤字幅度，可以预见第四年确实能够盈利，就符合规定中的"正当理由"。

也有些企业只留下有希望培育成业界数一数二的业务，否则经过一定的期限就立刻将其砍掉。需要做出这种决策的时候，就好好利用前面给出的各部门损益表加以评估。

3　把员工的表现数字化，摆脱低效率的工作

要让全体员工都能阅读和理解代表公司一整年成绩单的财务报表，这样才有意义。如果是上市公司，任何人都可以免费拿到财务报表（在中国可以到相关网站查询）。若是未上市的企业，除了经营者或家族集团相关者，其他人很难拿到。

◆ 公开经营状况，提升员工干劲

在松下公司则刚创立、还是小型企业的时候，松下幸之助先生就已经向数名员工公开财务报表了。

要保持经营状况透明，能使员工站在经营者的角度，让他们产生危机感和干劲。日本的中小企业几乎都是家族经营，所以公司很少会向员工公开财务报表。试着公开一次，彻底和员工们一同畅谈经营现状与今后的方针，不仅能够激发员工的灵感，从而制定出最佳的方针和策略，还能够提升员工的士气。这时候能够发挥效果的是"员工平均损益表"。

◆ 工作数字化：制作员工平均损益表

财务报表原本就是在表达公司整体活动的结果，因此数值多半都相当高。若把这些数字转换成与员工切身利益比较相关的数字，员工看经营状况

时会更有切身相关的感觉。制作员工平均损益表并不难，只需要单纯地把损益表上所有科目的数字除以全体员工数就行了。

顺便提一提，丰田公司2011年3月期的营业额、税前净利、当期纯益（由于该公司是按美国基准制作财务报表，因此不存在税前净利），各为18兆9936亿日元、4682亿日元、4081亿日元的天文数字。将这些数字除以集团下属公司全体员工人数（包含平均临时员工数）384112人，得出每人平均营业额为4940万日元、税前净利为120万日元、当期纯益为110万日元。

若某人年薪是500万日元，营业额就是其9.88倍，税前净利是其0.24倍，当期纯益是其0.22倍。虽说这些数字能让人更感同身受，但或许也会让人觉得：只能得出这样的利润吗？这样的情形不要紧吗？虽然财务状况良好，但是近年来由于年轻人不买车或日元升值，造成营业收入减少的倾向，收益和成长绝对算不上良好，连大企业也相当烦恼。

丰田公司的员工人均财务报表

（单位：百万日元）

科目／决算期		2010年3月期		2011年3月期	
		公司整体	员工人均财务报表	公司整体	员工人均财务报表
连结	营业额	18,950,973	49.9	18,993,688	49.4
	税前净利	147,516	0.4	468,279	1.2
	税金等调整前当期纯益	291,468	0.8	563,290	1.5
	当期纯益	209,456	0.6	408,183	1.1
	纯资产额	10,930,443	28.8	10,920,024	28.4
	总资产额	30,349,287	79.9	29,818,166	77.6
	平均每股资本（日元）	3,303.5		3,295.1	
	平均每股当期纯益（日元）	66.8		130.2	
	股东资本比率（%）	34.1		34.7	
	营业活动的现金流量	2.1		3.9	
	投资活动的现金流量	2,558,530	6.7	2,204.009	5.3
	财务活动的现金流量	▲2,850,184	▲8	2,116.344	▲6
	现金及现金等价物期末余额	▲277,982	▲1	434,327	1
	员工人数（人）	1,865,746	4.9	2,080,709	5.4
	临时雇用人员平均人数（人）	59,160		66,396	
	合计人员（人）	379,750		384,112	

图表3-3

		2010年3月期		2011年3月期	
	科目／决算期	公司整体	员工人均财务报表	公司整体	员工人均财务报表
个别（单独）	营业额	8,597,872	107.1	8,242,830,	105.8
	税前净利	▲328,061	▲4	480,938	▲6
	当期纯益	26,188	0.3	52,764	0.7
	员工人数（包含临时工）（人）	80,292		77,878	
	制造成本中的劳务费	607,658		582,807	
	管销费用中的人事费	136,205		131,683	
	人事费合计	743,863	9.3	714,490	9.2

出处：丰田公司财务报告书

◆ 算算看，你帮公司赚钱了吗

若公司每年度无法持续产生利益，中长期来说就难以有所成长。如果连续三年都是赤字，还有可能让负债过高，甚至可能面临破产。

给公司全体员工支付薪资，购买原材料或商品，支付各项经费或税金之后，为了留下5%的最终利润，必须有什么样的损益结构呢？这因公司的业种、业界生态等而各有差异，但是究竟员工帮公司赚到年薪的多少倍，公司才会营利？

从不同行业看员工的个人损益表

这里以分别任职于服务业、制造业、零售业，年收入约500万日元的人为例，制作出人均损益表来做比较（请参考图表3-4）。

我们利用在东京证券交易所上市的富士软件、大正制药、MEGANE TOP这3家公司2011年3月的财务报告书来制作损益表。因为链接基础（集团公司整体数字）的报告书中没有公开人事费用的数据，所以我们把个别（只看上市公司）的财务报表数字抽出来，试着做出人均损益表。根据这3家公司的财务报告算出来的结果，表现出了各个业种具有特色的损益结构。

系统整合富士软件公司的数据可看出，营业额中有一半都拿去支付人事费用，剩下的则花在外包费、折旧费、设备费等，只剩下3%的利润，将软件开发公司称为"人事费生意"也不为过。

药品制造商大正制药的营业额总利润率（毛利率）为67%，虽然非常高，但是有48%花在管销费用上，最终剩下15%的利润。在管销费用中占很大比例的是广告宣传费、促销费、研发费，这三项总计达到营业额的24％。人事费用约占12％。就如同过去会觉得"药的价格是成本的九倍"，药的售价的确比成本高很多，毛利也很高，但是不花钱研发就做不出新产品，不宣传就卖不出去。

开设许多分店的眼镜商MEGANE TOP与大正制药一样，营业额毛利率非常高，有69％，人事费用、租金、广告宣传费等管销费用花费了58％，最后剩下的利润是5％。若毛利很高的眼镜商不开很多分店，就无法大量销售，而多开分店就要花27％的人事费用、11％的租金费用以及其他相当高的维护费用。

比较三个不同业种的人均损益表后，可以发现三个问题：

（1）成本中的劳务费用是从制造成本中抽出来的，但是管销费中的人事费用是从损益表本身与认为应是人事费用的科目加总，所以并不一定正确。

（2）关于兼职员工的数量，富士软件为52人、大正制药为207人，但是MEGANE TOP有1670人，非常多，所以计算出来的平均人事费用就比较低。

（3）三个业种的损益构造（营业额结构比）与"赚到薪水的几倍"差异之大，实在令人惊讶！

业种不同，指标数字也不同

每年人均人事费用各为5902000日元（富士软件）、6246000日元（大正制药）和4222000日元（MEGANE TOP），用营业额除以人事费用总和，就会分别得到2倍、8.4倍、3.7倍的指标数字，差异之大让人诧异。

不过MEGANE TOP的员工中大约有一半也就是1670人是临时员工（以每天工作8小时换算的年平均雇用人员），因此，计算平均人事费用时必须把人数打折扣再去除。若把临时员工人数减少30%来计算，就成了495.1万日元。

MEGANE TOP的人均损益表显示，若每个人一年内不能创造1560万日元以上的营业额，利润就不到5%。把这个数字除以12，就变成130万日元（每位员工每个月必须创造的营业额），再除以22（员工每月上班的天数），则每天平均的营业额是6万日元。

员工人数也包含了制造工厂、管理部门、物流等营业店铺以外的人数，因此营业店铺的负责人一天最少要卖7~8万日元的货才可以。顾客买货的平均单价若为3~4万日元，那么平日卖给一人、周末两天各卖给3~4人就达成目标了。实际情况或许不尽相同，但是如果眼镜的平均单价更低一点，那么要达成这个目标数字就相当辛苦了。

服务业、制造业、零售业，3个业种的人均损益表

将3个业种比较如下：

2011年3月	服务业 富士软件（单独）			制造业 大正制药（单独）			零售业 MEGANE TOP（单独）		
	百万日元	结构比 营业额	人均损益表（千日元）	百万日元	结构比 营业额	人均损益表（千日元）	百万日元	结构比 营业额	人均损益表（千日元）
营业额	71,249	100%	11,674	197,322	100%	52,052	53,647	100%	15,608
销货成本	54,264	76%	8,891	65,500	33%	17,476	16,672	31%	4,905
销货毛利	16,985	24%	2,783	131,822	67%	35,171	36,380	69%	10,703
管销费用	15,067	21%	2,469	95,216	48%	25,404	30,993	58%	9,118
营业利益	1,918	3%	314	36,606	19%	9,767	5,387	10%	1,585
当期利益	2,147	3%	352	29,990	15%	8,002	2,677	5%	788

员工人数（含临时工）	6,103		3,748	3,399
平均年龄（岁）	34.7		41.1	34.6
平均在职年数	7.5		16.1	6.7
平均年薪（千日元）	4,921		7,752	4,610

原价·工资	26,701	6,097	150
管销费、人事费	9,317	17,313	14,199
合计	36,018	23,410	14,349

赚到薪水的几倍？（营业额÷人事费用总额）	2.0	倍	8.4	倍	3.7	倍
平均人事费（人事费用总额÷员工人数）	5,902	千日元	6,249	千日元	4,222	千日元

图表3-4

4 "库存"就是损失，务必削减到最小值

做生意赚钱的源头"库存"，会以各式各样的形态存在，它是商品、制成品、半成品、原材料、储藏品等的总称。毫无疑问，库存是用钱换来的。零售业出现畅销商品时，就会形成"卖出→进货→卖出"的良性循环，钱就会不断滚动。然而，如果卖得不好的商品滞留在库中，或者顾客退回的商品没办法退给进货厂商，这些钱就等于死掉了。

◆ "滞留库存"是妨碍金钱流动的"老鼠屎"

即使制造商为了在期末提高销量硬把成品卖给批发商，但若不是畅销品，通常在下一期就会被退货。原材料的库存也是，生产计划要与适合的销售计划连动，如果库存超量，就一定会出现滞留的难题。

建设业的在制品称为"未完工程支出款"，若在没有拿到订金的情况下承包长期工程，那么在建设完成之前会有很长一段期间处于"现金在沉睡"的状况。库存控管是关系到企业生死的问题，因此，即将面临倒闭的企业在重整时，常常会从裁员和削减库存开始着手。

此外，库存管理工作、销售计划与销售管理业务、对顾客的授信、物流、采购计划与采购业务等业务程序都是连动的。若不让这些业务系统性地链接、顺利地循环，就会造成库存过多，或者库存过少造成缺货。由于下游

固定往来的厂商倒闭，导致上游企业堆积大量库存引起连锁反应而倒闭的情形也很常见。因此，该如何不让库存滞留，保留适当的库存量，让金钱流动，就成为经营的要点。

◆ 用数字管理，快速掌握滞留库存

维持低量滞留库存，或者注意库存进出流动速度，同时要避免库存不足的情况，并不是简单的事，却也并没有那么困难。

以制造商的情况来说，大量生产某款制品时，第一次就大量制造，很容易造成库存积压，因此先生产一半，视销售情况再追加生产。不仅要观察贸易商或盘商的销售情形，还必须观察末端零售店的销售情形。如果零售店的销售情况不好，就会被退货，此时追加生产只会更惨。

把过程数字化，一有变动就要采取行动

采购商品销售的零售业，其库存有四种：店内的库存、仓库的库存、在途中的库存、向制造商下订单的订单余额。观察这四种库存的合计（总库存）和销售情况，进行均衡管理，称为"制造销售均衡管理"。

以每周一次的频率关注制造销售均衡，决定是否要追加订单，或者以后都不增加订单；是要降价清货还是要卖到畅货中心；或者如果有剩余的货，要不要报到下一季等。重要的是把产生库存的每个过程都数字化，观察这些数字的变化，然后尽早采取应对措施。

努力改善后，若在接近期末时还存在滞留库存的情况，就在下一期降价出售（调整账簿上的价格），或者决定做废弃处理；如果是做废弃处理，就

在期末的时候实施。一般情况下，减价调整在税务上不被认定为损失，还需要课税，所以还是应该趁早做决断，这意味着要承担卖不出去的责任。

◆ 最高目标就是"零库存"

如果考虑大幅度削减库存，仅仅在月底或期末结算时减少库存并没有什么意义。库存制成品的情况是从制造流程的原材料投入时起，到最后制品完成出货时止，在所有流程上推动根本性的合理化与效率化，努力缩短交货期，而出货后的流通库存也必须削减。

像这样的安排，应该是由经营高层主导，当做是整个公司的经营革新运动，在这个过程中，创新的幼苗会培育得更加苗壮。此外，消减流通库存还必须有销售公司或贸易商、盘商的帮助才能办到。

每一个程序和合作对象都要配合

商品零售的理想状况是"快速卖掉"，而制造商则是"纯接单生产"。如果有可能，从做好商品到消费者拿在手上，任何一个制造工序、流通过程中都要很有效率，才能实现"无库存物流"。

丰田公司的JIT（Just In Time）生产方式世界闻名，可以说这是接近无库存物流的方法。不仅仅是美国的汽车产业，JIT也成为世界上各业种的参考标准。

在有需要的时候，有必要生产的东西只生产所需的量，特别是把产品的库存量控制在最低。这听起来简单，实际上需要长年在每项程序交接与信息往来上花许多功夫，才能研究出最佳的方法，同时需要丰田公司旗下所有的

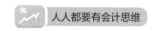

公司全面合作，才有希望达成"零库存"目标。

改善作业流程，剔除造成"浪费"的环节

另一个值得参考的实例是回转寿司"Sushiro"，该公司以连锁方式展店的AKINDO SUSHIRO在2011年达到业界市场占有率的20％，获得冲击营业额冠军的成绩。

寿司材料质量好是其优势。Sushiro的成本率约50％，比其他公司更高。让人诧异的是，他们在2004年颠覆了业界常识，废除了中央厨房制度。采购的新鲜鱼类都在各店铺切开，并且米饭也由各店铺自己煮。兼职人员比其他公司多，人事费用率也高，但是在高成本率背后是活用工程管理、使食材的废弃损失控制在最小范围内的"回转寿司综合管理系统"架构。依来店顾客的停留时间或顾客阶层，随时改变在输送带上旋转的商品，预测出1~15分钟店内的状况，以削减使用过多的食材或丢弃寿司造成的损失（《日经商业》杂志2011年12月12日报道）。这种将观察来店顾客与分析料理台作业程序产生连动的科学方法，取得了有效成果。

虽然完全无库存在执行上很困难，不过有机会可以达到像丰田公司这样，在任一制造工序中都只保留最低限度的库存量的体制。不只是制造商，任何一个业种都可以把个别工作流程分解，例如刚刚提过的外食餐饮业AKINDO SUSHIRO。

改善各工序的业务流程，将可以控制成本率，并削减废弃损失，甚至可以保持对其他竞争公司的价格竞争力。自己公司要如何才能做到，请一定要试着实施看看。

5　找出获利最高的"折旧摊提"年限

　　如果是经营者或商人，即使不亲自参与会计、财务，对"折旧摊提"这个词应该也很熟悉。光是这个词涉及的知识足以出一本书，因此在有限的篇幅中很难完全将其讲清楚，但是我希望各位在读了这部分内容之后，可以多少了解一些。

◆ 很难理解的折旧摊提，这样想就简单多了

　　现在，先假设你用1000万日元买了一台耐用年限为十年的制面设备，准备制作并销售面食。

　　假设第一个年度营业额是2000万日元，原材料费600万日元、劳务费用（制造业的人事费用）800万日元、各项经费300万日元，那么如果在第一个年度就将制造设备的1000万日元全部列计为费用，就会出现700万日元的赤字。如果是这样的损益结构，从第二年开始，有关设备的费用负担就是零，直到十年后更换设备，这期间每年都会有300万日元的利润。是这样吗？看起来好像有些奇怪。

固定期间内，逐年分配的相对应费用

　　这个设备可以使用十年，因此将1000万日元除以10，每年按逐步摊提折旧费来计算，会比较符合实际状况。费用在设备使用期间"相对"地慢慢发生，这么想比较自然，它是将设备的负担金额分摊到使用期间内的想法。

也就是说，"折旧摊提"是把为了提高销售金额、利润而购买的固定资产金额，经由可使用的耐用年限，在期间内逐年分配成相对应的"费用"的工作。

将折旧摊提说成是"不伴随现金的费用"，也是因为买的时候就已经支付了现金，但是从第二年开始才分成好几次（好几个年度）以"费用"计入账簿，计入时并不会支出金钱。

若是固定资产，则有建筑物、构筑物、机械、器具零件、车辆搬运工具等有形固定资产，以及专利、商标、软件等无形资产，甚至动植物都可以是折旧摊提的对象。由于土地不会随着时间推移而有一定的折旧，因此不摊提。

◆ 折旧摊提的算法和"年限"与"生产数字"相关

折旧摊提的思考方法，依以下几种假设为基础才成立：

（1）耐用年限。因为不知道该资产究竟能够使用几年，所以要假设为"大概数值"。有很多公司是使用法人所得税法规定的使用年限，因此受到法定耐用年限的束缚。

假设某制造商规定的主要机械耐用年限为八年，尽管这家公司实际上每隔五年就要更新机械，却仍以八年来折旧。如此一来便不符合实际状况。在这种情形下，即便超过法定限额（增加每年的折旧费用），也就是即使要多付税金，也应该在五年内摊提，这称作"有税摊提"。

（2）每家公司对待和使用资产的方式、态度都不同，生产的忙碌时期也不一致，这些都会影响资产的耐用程度。因此，法定的摊提年限本身就是个假设，应设定出本公司能接受的摊提速度、频率、程度的标准并使用。

（3）摊提年限的计算方式，有以每年一定金额的"直线法"、以一定比率折旧的"定率递减法"、反映生产数字的方法摊提的"生产数字比例法"（对象仅限于固定资产）等。税法上认定建筑物是采用直线法，此外，有形固定资产用定率递减法或直线法，无形固定资产用直线法。比起直线法，定率递减法可以更加快速地摊提更多的金额（参照图表3-5）。因此，若以法定耐用年限为前提，则业绩越好的公司越倾向于选择定率递减法，以便早一点更新设备。

折旧摊提的两种方法

折旧摊提，是指将资产随耐用年限分配"取得成本"的方法

依据直线法的期间分配

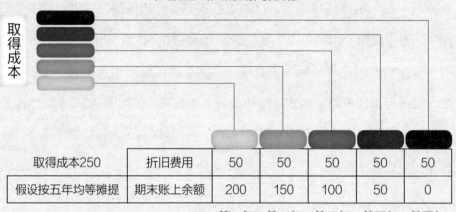

取得成本250	折旧费用	50	50	50	50	50
假设按五年均等摊提	期末账上余额	200	150	100	50	0
		第一年	第二年	第三年	第四年	第五年

期间→

折旧费用金额每年都相同

依据"定率递减法"的期间分配

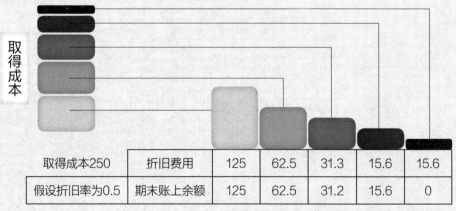

取得成本250	折旧费用	125	62.5	31.3	15.6	15.6
假设折旧率为0.5	期末账上余额	125	62.5	31.2	15.6	0
		第一年	第二年	第三年	第四年	第五年

期间→

折旧费用逐渐递减

说明：以上假设中固定资产的耐用年限为五年。

图表3-5

◆ 估算并制定最有益的"耐用年限"

折旧的方法，就如日本的中小企业采用法人所得税法的基准一样，建筑物采用直线法，其他多采用定率递减法，海外的企业则多采用直线法。在经济快速增长的时期，很适合采用定率递减法，但是零增长甚至负增长的时候，采用直线法更合适。

不过，多数上市公司没有制定法定耐用年限，而用"配合公司有形固定资产实际使用状态的预估耐用年限"来计算。这样就会产生有税折旧，多少会早一点并多支付一点法人所得税。但是，在计算上，当该资产报废或脱手时，多缴的税金也会退回来。从取得资产时开始算起并没有太多损失，即使有，也相当于利息的金额。

变通成可帮助获利的数字

松下公司在折旧摊提时是使用"伴随技术革新的资产陈腐化，将固定资产按种类设定为合理的耐用年限，依据直线法摊提"。而日本电产公司则采用"定率递减法"，同时清楚地表明"这些公司的商品循环很短，并且由于技术的急速变化而实行早期更换设备"的实际使用状态。

令人惊讶的是，在日本电产公司的链接财务报表中，生产计算机硬盘上的电机的工厂大部分是按十到二十年摊提，在个别财务报表中，机械及其装置业则是按两到九年摊提，甚至由此可以感受到"慢慢用法定耐用年限摊提，会在竞争中输掉，因此用自己特定的耐用年限来摊提更合适"。

"体质健康"的好公司，如果现在还用法定耐用年限折旧，应该考虑配合公司的实际使用状况，将其变更为适合公司现状的耐用年限。

诚如以上所述，以法人所得税法来说，建筑物用直线法，其他的有形固定资产都只能用直线法或定率递减法中的一种。因此，如果某公司过去除建筑物以外的有形固定资产一直采用直线法来折旧，在缩短预估耐用年限的同时，可以检讨一下，改为采用定率递减法。

由于许多大企业的生产设备转移到了海外，或者收购海外企业，所以使用直线法的海外关系子公司增加了，总公司与国内子公司也变更为采用直线法的公司也增加了（《日本经济新闻》2012年1月5日报道）。这是因为在欧美国家以采用直线法占多数，国际财务报告准则（IFRS）也要求国内外的会计处理方法必须统一。

防止操纵利润，同一种会计计算方式需用三年以上

不过必须注意，若没有正当理由就变更原本采用的会计处理方法，并不妥当。不可为了一时方便，就不断改动，同样的方法应该持续采用至少三年。

要求一家公司持续采用相同的会计处理方法，是为了"防止操纵利润"及"方便与过去的财务报表做比较"。但在效益不景气的情形下，在设备上投资得越多的企业，就越会想从采用定率递减法变更为采用直线法。

日产公司公司在2000年度将折旧摊提的方法从定率递减法变更为直线法，折旧摊提费用跟过去使用定率递减法时比较，足足减少了298亿日元，采用直线法之后很明显地出现触底反弹的情况。

有形固定资产的折旧摊提方法

公司名称	链接报表		个别报表	
小松制作所	基于预估耐用年限，主要为直线法	建筑物平均摊提率约为9％，机械或其他装置约为23％	定率递减法	建筑物五到五十年，构筑物五到六十年，机械及装置五到十七年，工具及零件两到十五年
松下公司	主要采用直线法，以预估耐用年限为基础计算	建筑物及构筑物五到五十年，机械装置及零件两到十年	适应伴随着技术革新的资产陈腐化，固定资产依类别设定合理的耐用年限，按直线法摊提	
丰田公司	以资产的区分、结构及用途预估的耐用年限为基准，总公司及日本本土的子公司采用定率递减法，海外的子公司采用直线法		摊提的方法采用定率递减法，耐用年限、残值则采用与法人税法规定的相同基准	
日产公司	将耐用年限作为预估耐用年限，残值作为实质的残值，采用直线法		直线法	耐用年限就是预估耐用年限，残值就是实质的残值（小额折旧资产）。取得成本在10万日元以上20万日元以下的资产，基于法人税法的规定，分三年以均等价值折旧
SEVEN&I HOLDINGS	母公司及国内相关的子公司（百货公司除外）采用定率递减法，百货公司主要采用直线法，海外相关的子公司采用直线法		定率递减法	
迅销集团	直线法	建筑物及构筑物三到五十年，器具、零件及搬运工具五年	直线法	建筑物及构筑物五到十年，工具、零件五年

图表3-6

公司名称	链接报表		个别报表	
日本麦当劳控股公司	直线法	建筑物及构筑物两到五十年、机械及装置两到十五年，工具及零件两到二十年	直线法	建筑物两到四十年，构筑物两到五十年，工具、器具及零件两到二十年
KYOCERA	以预估耐用年限为基准，主要采用定率递减法	建筑物两到五十年，机械器具两到二十年	定率递减法	建筑物及构筑物两到三十三年，机械及装置、工具及零件两到十年
日本电产	母公司及国内的子公司主要采用定率递减法，这些公司因为制品生命周期短及剧烈的技术变化，因此设备更新速度很快。海外的子公司采用直线法	有关预估耐用年限，生产HDD（硬盘驱动器）用的电机的工厂大部分为十到二十年，其他制品的生产工厂为七到四十七年，总公司、销售事务所为五十年，建筑物附属设备两到二十二年，机械装置两到十五年	定率递减法	1998年4月1日以后取得的建筑物（建筑物附属设备除外）采用直线法。建筑物三到五十年，机械及装置两到九年

出处：各公司财务报告书。

6 事前处理，就能避免"呆账"

在财务报表上，特别是资产负债表的科目中，与现金存款、库存（资产盘点）一样重要的是应收账款、应收票据等"应收债权"。由于到收回现金为止都是未回收债权，所以越是长期停滞，利息损失就越大。从现金流量的结构来看，应该掌握的大原则是"尽量早回收，尽量晚支付"。

◆ 事前做好"防范风险"的准备

大多数公司管理应收债权的单位是"会计、财务部门"，事实上这并不是最佳选择。会计、财务部门虽然可以事后处理呆账，但是在呆账发生前无法采取措施事前处理。事前处理，就是"预测，然后行动"，或者"防止风险发生，抢先采取行动"的意思，这在商业实务上是非常重要的概念。

事前处理并不用花太多钱，而事后处理牵扯到的人和时间多，要花的钱更多。

若有单独专门管理应收债权的部门就另当别论了，但是能够事前处理应收债权的只有业务负责人。既然是自己负责授予客户信用才促成买卖，因此在账款回收完毕之前都要负起责任。

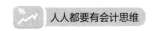

◆ 呆账，要用多少销货收入才能抵消

如果对方企业倒闭，导致上一年营业额中的100万日元应收账款无法回收，就仅仅是100万日元的损失（呆账损失）吗？

表面上看起来似乎如此，但是要想在当期挽回这个损失（用下一笔交易的利润弥补），该怎么做才好呢？假设某公司的毛利率（营业额总报酬率）为20％，就需要有100万日元÷20％＝500万日元的营业额。

假设这新的500万日元交易是以现金支付方式全额回收，这部分利润只是用来弥补之前的损失而已，对公司整体的利润几乎没有帮助。更进一步的说明请看图表3-7。没有呆账的案例报酬率为9％，可是为了弥补呆账损失进行的交易的案例，就落到8％了。可以发现，为了保有原来9％的报酬率，必须比当初增加909万日元以上的营业额才行，对于公司运营来说，这是件很辛苦的事。

与其事后哭泣，不如一开始就不要把货物卖给没有信用的人，管理信用额度是很重要的。

要弥补应收账款呆账损失的100万日元，必须有多少营业额？

	①当期（无呆账的情形）		②当期（有呆账的情形）		③弥补呆账损失的交易		④（②＋③）		⑤必须赚到与①相同的税前净利	
	金额（万日元）	比率（%）	金额（万日元）	比率（%）	金额（万日元）	比率（%）	金额（万日元）	比率（%）	金额（万日元）	比率（%）
营业额	5,000	100	5,000	100	500	100	5,500	100	5,909	100
销货成本	▲4,000	▲80	▲4,000	▲80	▲4,000	▲80	▲4,000	▲80	▲4,727	▲80
毛利率	1,000	20	1,000	20	100	20	1,100	20	1,182	20
管销费用	▲550	▲11	▲550	▲11	–	–	▲550	▲11	▲550	▲9
税前净利	450	9	450	9	100	20	550	10	632	11
呆账损失	–		▲100	▲2	–	–	▲100	▲2	▲100	▲2
税前净利	450	9	350	7	100	20	450	8	532	9

要想完全弥补损失，就必须让税前净利相等。

产生100万日元应收呆账时，为了弥补损失，必须提高营业额500万日元（③）。然而与没有呆账损失的情况（①）相比较，税前净利虽然相同，但经常报酬率下降了。为了弥补这个缺口，如⑤，就必须增加909万日元营业额才行，损失相当大。

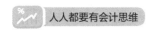

预防措施① 调查对方经营状况的"授信管理"

正如刚才看到的，为了弥补呆账，其中的辛劳绝非一般。为了避免呆账，重要的是事前处理，也就是在交易开始前进行"授信管理"。

先从现金交易开始，随着交易量慢慢增加，在某个节点变更为记账交易，收取账款的条件也随之变动。这时候，决定最多可以卖给对方多少金额，就是一种"授信行为"。就如同字面意思"授予信用"，不只向交易对象询问经营状况，还必须从征信机关获取判别信用的信息。

很少有中小企业实施授信管理，中型企业也少有人彻底实行，可以说了解授信管理重要性的经营者非常少。

有些经营者会有以下想法："与其花时间调查授信管理，还不如优先让客人买我们的东西。"但是出问题后要负责的人是经营者，没人知道什么时候会发生连锁倒闭，即使对方是上市公司，也该做好授信管理。

预防措施② 债权管理中该注意的五件事

并不是仅仅确定好交易条件、做好授信管理就可以了，要如期进账才算完成债权管理。定出制度后，就要多多善加利用。以下说明了在债权管理上该注意的地方：

①随时掌握交易对象的营业状况。有时候也需要常到客户处拜访。

②如果超过授信额度，就要判断是否停止出货。若分析后判断为不停止出货，须记录判断的依据，之后依据货款回收状况修正授信额度。

③将交易对象的营业状况信息分享给接单、出货的部门。

④如果发现对方将要倒闭的传闻，须立刻向征信调查机关或金融机关处取得信息。

⑤万一对方倒闭，要能立即作出反应，停止出货。

我不厌其烦地一再强调：在会计实务上，事前准备很重要。事前准备不用花钱，但是事后收拾残局牵扯到的人和时间很多，花的钱也很多。要避免呆账，事前准备是最有效的方法。

CHAPTER 4

老板想要的
一定是会看"关键数字"的人才

善用"数字魔法",不用猛开会、狂加班,
也能实时解决问题

1 十二个经营指标数字，就能"诊断全局"

　　身体健康检查诊断结果会被以指标（数值）表现出来，若超过标准值的范围就会被认为是"身体出现了异常"，如果出现症状或许还能理解，但是没有症状出现时，结论就是"经观察疑似是××症"，让人感觉如芒刺在背般不适。

　　实际上由于每个人的身高、体重、内脏脂肪、工作类型、运动量以及抽烟、喝酒等生活习惯有差异，诊断数值也会出现差异。

◆ 分析和比较，第一时间调整预算计划

　　诊断公司经营状况的经营分析指标也一样，很难一概去判定"××比率超过了百分之多少就是有异常"。然而，依据①"与其他同业公司的比较分析"及②"自己公司连续几年的财务报表分析"，可以分析出收益或成长倾向于哪种程度，这是非常有意义的事情。

　　在①"与其他同业公司的比较分析"方面，东京产业劳动局的调查报告书对我们很有帮助。东京中小企业各业种经营动向调查报告书每年都会在东京的网站上公开。这是将东京中小企业的经营实态，通过分析最近的财务报表的方式揭示，计算出103个业种的收益性、生产效率、安全性等相关财务指标。

　　到2005年为止，日本中小企业厅也会公布各业种的经营分析指标，但是

现在只有财务报表的统计。是否是因为没有做经营分析的预算，还是因为对项目做了分类，不得而知。不过，过去的分析结果至今还在网站上公开，随时可查询。

②"分析自己公司连续几年的财务报表"是指利用如统计软件等工具，把连续五年的财务报表列出来，分析各个会计科目的增减情况。

把所有数字排开，营业状况一目了然

把从营业额、销货成本、毛利（营业总利益）、销售费用及一般管理费、营业利益、税前净利等损益表上的科目，到现金存款、应收账款、存货资产、有形固定资产、应付账款、借款（长期借款和短期借款）、纯资产、总资产等资产负债表上的科目全都排开，看看数字增减的演变，就可以看出很多问题。

"本年度由于主要部门产生许多成本下降的工作，使毛利下降，相较于前期，营收利润减少了，但是第二年营业额有小幅度增加，A或B等的成本削减成功使收益增加。"像这样，将自己公司的实际经营状况客观地分析记录下来，对今后的经营管理非常有帮助。

一定要记住的十二种经营分析指针

名称与单位	公式	说明	好的比率标准	优势面
①流动比率（%）	流动资产÷流动负债×100	用现金存款或一年以内现金化的流动资产，除以一年内要支付的所有流动负债，若得到100%以下的结果，就等于是完全的资金短缺。相反，若有200%以上，就是财务状况很好的公司。	140%以上	数值大
②固定长期比率（%）	固定资产÷（固定负债＋自有资本）×100	在自有资本范围内，可覆盖固定资产的公司便没有问题，但是至少希望能在长期借款或公司债务等固定负债加起来的金额范围内投资设备（此比率在100%以下）。	100%以下	数值小
③销售债权周转期（月）	（应收账款＋应收票据）÷平均每月营业额	显示出剩余的债权相对于几个月的营业额。针对每种债权调查，应适度管理，以避免长期滞收。如果迟于回收期限，则应有立即停止销售的机制。	三个月以内	数值小
④存货周转期（月）	存货资产÷平均每月营业额	显示出库存量相当于几个月的营业额。在制造业，分母多用销货成本而非营业额。库存越多，就表示现金在沉睡，若能实现无库存物流，是最理想的状况。	半个月到一个月	数值小
⑤总资产当期报酬率	当期利益÷总资产	显示加上借款负债在内的所有财产，在税后能赚多少钱。如果太低，就应停止营业，转换到其他能获得高报酬的方向——虽然现实中不太可能这么顺利。	1%以上	数值大

图表4-1

名称与单位	公式	说明	好的比率标准	优势面
⑥日常报酬率	税前净利÷营业额	若能采取不断地修正成本率，削减或改善营业额管销费用比率，改善金融收支等措施，这个比率应该就会提高。不应是营业额至上，也要重视报酬率。	3%以上	数值大
⑦自有资本比率	自有资本÷总资产	不应该持太多必须支付利息的借款或公司债（所谓的有利息负债），而是由股东出资、盈余累积等自有资本在总资产中占比例越多越好，这是不问自明的道理。不论是否支付利息，都可以调整股利分配。	30%以上	数值大
⑧总资产周转率（次）	营业额÷总资产	以少数的总资产（总资本）赚更多的钱，这是最具效率的。这个比率越高，周转率越高就表示投入的资本效率越高。这个数值会因为有没有固定资产，或者业种不同而有很大的差异。	1.2次	数值大
⑨营业额增长率（%）	营业额增加金额÷前期营业额	虽然难以判定将来是否会持续成长，但是至少公司的营业额持续三年增长都在10%以上。然而，也有总资产可能会随之增加的危险征兆，将资产成长控制在营业额增长率以下才是明智的。	10%以上	数值大
⑩税前净利成长率（%）	税前净利÷前期税前净利	不只是营业额增长率，税前净利成长率也是判断成长性的重要因素。在基本的损益结构中，能让营业额税前净利成长率尽可能地增长，才是致胜的关键！	10%以上	数值大

名称与单位	公式	说明	好的比率标准	优势面
⑪当期每股利益（日元）	当期利益÷已发行股数	用已经发行的总股数，除以税后当期利益，得到的金额是一个指标。由于会因发行的股数而有差异，因此没有一定的标准。在上市公司，比较这个金额和股价，看看高出了多少（称为PER指标），是判断是否投资的基准。	100日元~数百日元	数值大
⑫每股纯资产（日元）	自有资本÷已发行股数	如果公司现在解散，把财产分给股东，每1股可以分到多少钱。跟自己当初出资的金额相比，损益就很清楚了。标准的250日元就是当初发行的股价（现在已经没有面额的概念）50日元的5倍。这也会因发行股数而有所不同，不能一概而论，是比较保守的数字。	250日元~数千日元	数值大

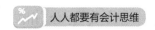

◆ 读懂指标数字，就能早一步行动

刚才所说的东京中小企业各业种经营动向调查报告书也是如此，利用常见或教科书上的经营分析指标来做公司的经营分析。

对此，有总资本（总资产）当期报酬率、自有资本（股东资本）报酬率、自有资本比率、总资本（总资产）周转率、营业成长率、税前净利成长率、每股当期利益、每股纯资产、流动比率、固定长期比率、应收债权周转期、存货周转期、营业经常报酬率等分析指标，此外一些经营分析专业书籍中也有许多指标数字。

建议各位读者将图表4-1所示的十二种指标，包括公式的意义和比率的标准都记下来，绝对没有损失。不过，比率的标准因业种的不同而多少有些差异，所以请将其当成参考值就行。另外，此处虽没有提到，但"损益两平点"也是非常重要的数字，会另外详述。

2 用两个比率，算出"利益效率"

将当期利益除以总资本（总资产）的"总资本当期报酬率"，与营业额除以总资产的"总资产周转率"，这两项在经营分析中是基础中的基础。

◆ 财务分析看两个比率："总资本当期报酬率"与"总资产周转率"

"总资本当期报酬率"的数值越高，就表示投入的资金可以赚到更多的利润。这个比率称为ROA（Return On Asset），和ROE（Return On Equity，股东权益报酬率）一起，经常在报纸、杂志与书籍中出现。也有些企业把这两个指标以"ROA 5%、ROE 12%"为目标。

"总资产周转率"的数值越高，就表示投入的资金可以获得更高的营业额。如果计算出来的结果是"两次"，就表示投入的总资产在一年内翻倍了。

◆ 营业额增长时，要注意总资产中的"借款"是否增加

与这两个指标密切相关的是"总资本当期报酬率"。

总资本当期报酬率 = 总资产周转率 × 当期营业报酬率

由于总资本当期报酬率是将总资产周转率与当期营业报酬率相乘产生的，因此，为了提高总资本当期报酬率，只要提高总资产周转率与当期营业报酬率就可以了。

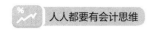

做了多少努力，数字会说实话

公司开业的时候，会把自有资本或银行贷款、应付债务等所有资金（总资产），转化成库存或固定资产等各种形式的资产，变成本钱投入销售，得到利益。若利用资金的效率差，这三项指标就会显示出不好的数字。数字是诚实的，只要看着每年的数字演变，就知道经营者做了多大的努力，成果立见分晓。

这三项指标非常重要，但是做分析时，我在意的是其他的指标："营业额增长率"与"总资产增长率"两者间的关系。

营业额增长率＜总资产增长率──危险

除了营业额增长，若总资产特别是借款也一起增加，就要注意经营状况了！总资产的增长率比起营业、利益的增长率更大时，可以说资金（资产）的运用状况恶化，而且若借款增长率也增加，经营就有相当大的问题。借款是有利息成本的，借款规模越大，越不利于周转，让人联想到得了"大企业病"、赚不到利润而面临倒闭的公司。

总资本报酬率=总资产周转率×营业报酬率

经营指标	总资本当期报酬率		总资产周转率		当期营业报酬率
算式	当期利益	=	营业额	×	当期利益
	总资本（总资产）		总资产		营业额
单位	%		次		%
迅销集团 2011年8月期 （单位：百万日元）	54,354		820,349		54,354
	533,777	=	533,777	×	820,349
	10.18%		1.54		6.63%
丰田公司 2011年8月期 （单位：百万日元）	408,183		18,993,688		408,183
	29,818,166	=	29,818,166	×	18,993,688
	1.37%		0.64		2.15%
KOSHIDAKA HOLDINGS 2011年8月期 （单位：百万日元）	2,877,514		29,093,573		2,877,514
	18,454,908	=	18,454,908	×	29,093,573
	15.59%		1.58		9.89%

迅销集团（优衣库）和KOSHIDAKA HOLDINGS，两者与丰田公司相比，总资产周转率高，所以报酬率也高，也可以说，总资产的投资效率很高。一方面，由于丰田公司拥有工厂等，自有固定资产总投资额高，总资产周转率必然很低。另一方面，迅销集团的店铺都是租借的，由于不持有经营性产权使总投资额变少，总资产周转率也变高。KOSHIDAKA HOLDINGS以卡拉OK店等为主，以签约代替既有店铺的方式展店，总投资额变少，总资产周转率就提高了。

图表4-2

3 看"损益两平点",算出"绝对获利数字"

损益两平点,是指费用(固定费用 + 变动费用)与营业额达成平衡,正好让损益为零的营业额数值。正如字面意思"损失与收益两者持平的点(营业额)"。这是公司基本损益结构的关键所在,所以是一定要知道的指标。

◆ 计算之前,先分清楚"固定费用"和"变动费用"

首先,一定要把为了提高销售的所有费用分为"固定费用"和"变动费用"。随着营业额的变化而变动的就是变动费用,而无论营业额有没有变动、即便是零也一定会产生的费用,就是固定费用。

前一章中曾经提及,销货成本几乎都属于变动费用,而销售费用及一般管理费多为固定费用,少部分为变动费用。然而这样判断略嫌粗糙,必须适当地区分:销售手续费、信用卡手续费、包装费、搬运费等,伴随着销售而产生(变动)的经费就是变动费用。

人事费用中,正式员工的人事费或董事、监事的报酬全部都是固定费用,至于兼职人员的人事费就当做变动费用来考虑比较适合。即使不是完全变动费用,但分析各公司的实际出勤情况(排班状况),可以区分出有50%~70%属于变动费用。

要计算出"损益两平点",就要把固定费用除以边际报酬率(用1减变动费用比率所得的数值）。也就是分子是固定费用，分母是1减变动费用比率（变动费用÷营业额）后的数值。

　　有既定的目标利润时，将分子的固定费用加上该目标利润去计算，就可以得出要达成目标利润的营业额（损益两平点）了。

计算出你公司的"损益两平点"

1 损益两平点是什么？

费用（变动费用＋固定费用）和营业额达到平衡，损益正好为零的营业额。

2 算式是怎样的？

$$\dfrac{\text{固定费用}}{1-\dfrac{\text{变动费用}}{\text{营业额}}}$$

3 公司的损益两平点是什么？

首先将前一期的财务报表中所有的费用（销货成本＋管销费用）分为变动费用与固定费用。

①变动费用 = ［　　　］　　②固定费用 = ［　　　］　　③营业额 = ［　　　］

损益两平点 = ②［　　　］ / 1 - (①［　　　］ / ③［　　　］)

4 有目标利润时，能达成此利润的营业额为？

④目标利润 = ［　　　］

$$\text{达成目标利润的营业额} = \dfrac{②［\quad］+④［\quad］}{1-\dfrac{①［\quad］}{③［\quad］}}$$

◆ 越低越有利润！降低"损益两平点"的五种方法

计算出公司的损益两平点之后，损益两平点越低利润就越高，因此只要思考如何降低损益两平点就可以了。以下是五种降低的方法：

①削减固定费用。

②提高边际报酬率＝降低变动费用比率。

③削减变动费用。

④提高售价。

⑤增加销售量。

看起来容易，要实行起来却很困难。除了要实际地逐项检讨，最难做到的是"切实地执行"。第⑤点"增加销售量"，虽然不会降低损益两平点，但因为可以增加利润，所以还是列在此处。

降低固定费用和变动费用，把费用"变动化"

针对①削减固定费用，可以先交涉降低土地和房租费用，搬到租金便宜的地方，缩小租借面积，减少董事、监事的报酬，缩小租赁对象范围等。②和③可以借着变更制造方式，或者变更款式、原材料，增加购买原材料的数量压低价格，通过与制造商交涉使其降低成本（成本削减），交涉降低信用卡手续费，整合运输公司交涉降低运费，将兼职人员的排班制度精细化（每天依据营业额比例调整出勤时间）等。此外，应该还有很多方法。

至于④提高售价的做法，在通货紧缩的时代可能不被认同，但是提高制成品及商品价值的同时提高质量（颜色、花样、设计、原材料等），让消费

者接受并非不可行，后面第五章中我会谈到日本麦当劳采用"提高售价"的典型例子。另外，即使是旧商品，也可以通过提高或降低部分售价来处理，综合来看，让整体销售平均单价提高也是很有可能的。

增加销售量也是同样的道理，如成套销售或打折等，方法很多。在下一节中要解说的拉面店，可以增加拉面的配料，或者把饺子和烧卖等小吃也放入菜单，只要价格适中而且美味，自然会提高销售量。

最后的结果是要让固定费用接近于零，多数费用变动化，变动费用也逐渐削减成本，让变动费用比率降低。

变动费用的首选：人事费用

如果要把多数费用改为变动费用，第一个想到的就是"人事费用"。多雇用兼职人员，或者将业务外包（委托给外部作业），都是常用的方法。而由于正式职员需要维持企业长期生计，因此他们的薪资、社会保险费等很难改动成变动费用。但是人事费用当中还有一项最应该改为变动费用的，就是董事和监事的报酬。

既然对员工说要依照实力分配成果，经营者自己的报酬支付标准就没有理由是"固定报酬"。若能以每个月的营业额比例给予董事和监事报酬当然很好，但是在税务处理上就无法做到。

税法中，为了防止操纵利益，假设董事和监事的报酬为每个月一定的固定费用，变动超出的部分则会被认定是董事和监事的奖金加计为利润，也就是会被征税（如果满足一定的条件，也有免税的时候，但是会有限制）。

◆ 基本问题：拉面店一天要卖几碗才能赚钱

由于职业因素，我到任何餐饮店吃饭，都会忍不住想"这家店的营业额如何""回客率是多少""赚不赚钱"等问题。在此就以拉面店为例，思考关于损益两平点的问题。

先算出损益两平点，再算每个月至少要卖出几碗

在餐饮业中，开拉面店是门槛较低的一种行业，但店铺数量多，竞争也很激烈。为了追求和其他店家的差异化、增加回客率，让生意兴隆，必须不断努力。

假设每月每平方米营业额是51万日元，店铺面积是45平方米，总共有25个位子。

年度营业额为2880万日元，销售成本是920万日元、人事费用为1050万日元、房租为240万日元、折旧费用和租赁费用为290万日元，其他各种经费为300万日元。依此损益结构得到80万日元利润。如果再付了税金，利润将所剩无几。

如图表4-4所示，如果按固定费用与变动费用区分计算，就能计算出这家拉面店一年的损益两平点是2729万日元，每月平均下来要227万日元。

这家店平均每碗拉面的单价是800日元，每个月卖出2843碗（2729万÷12个月÷800日元）就能达成这个数字，但是并没有利润。若每个月营业27天，每天就必须卖105碗以上——很容易能设定"至少要卖几碗"的目标。

来客数会因店铺的地点、星期几或时间段不同而有差异，但是单价高的

拉面或卖出较多酒类的日子，就会比平常更早超越损益两平点。要定出从开业起经过一年的时间以及一年后、两年后每个月、每个星期、每天的目标营业额，再跟实绩做比较。

思考拉面店的损益两平点，算出获利公式

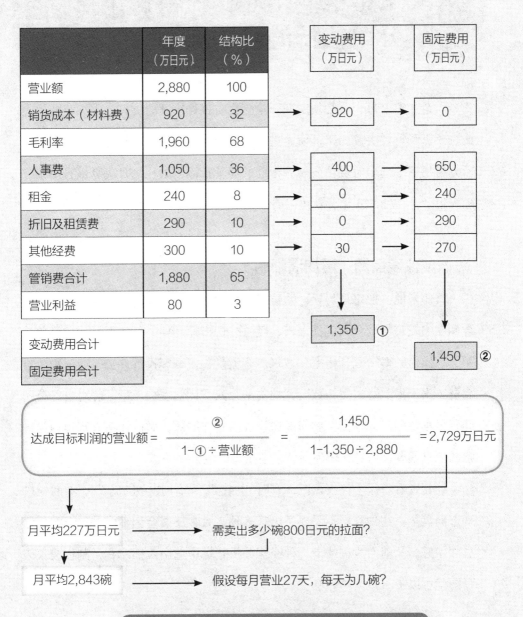

	年度 （万日元）	结构比 （％）
营业额	2,880	100
销货成本（材料费）	920	32
毛利率	1,960	68
人事费	1,050	36
租金	240	8
折旧及租赁费	290	10
其他经费	300	10
管销费合计	1,880	65
营业利益	80	3

	变动费用 （万日元）	固定费用 （万日元）
	920	0
	400	650
	0	240
	0	290
	30	270
	1,350 ①	1,450 ②

变动费用合计
固定费用合计

$$达成目标利润的营业额 = \frac{②}{1-①÷营业额} = \frac{1,450}{1-1,350÷2,880} = 2,729万日元$$

月平均227万日元 ⟶ 需卖出多少碗800日元的拉面？

月平均2,843碗 ⟶ 假设每月营业27天，每天为几碗？

结论：1天卖105碗以上，就能赚钱！

4 不是全部一样，你得算出自己公司独特的管理数字

大企业中，每个月必须定期开董事会时报告每月的决算。中小企业也会比较预算和每月决算的实绩值，进行差异分析。此外，不妨在刚才提过的经营分析指标中选出对自己公司有帮助的经营指标，放在每月决算报告书中。随着每个月指标的变化，就可以看清楚很多东西。

◆ 做成仪表盘图，更加清晰明了

具体来说，把每月与累计的预算实绩比较分析的数据、现金流量表或资金调度实绩表与资金调度预定表、经营分析指标之外，可以再加上"订单余额""操作频率""合格率""来店客流量""顾客投诉件数""ROE（自有资本报酬率）""契约数""缺货率"或"运营现金流量"等对自己公司经营很重要的经营指标，制作成像仪表盘一样的图，做成任何人都很容易理解的信息或警告信号，作为向董事会报告的数据。

经营者看着这个仪表盘图，有时"加速"，有时"踩刹车"，有时"转动方向盘"。这种数据不需要做出很多种，太多反而会记不住，整合在一张里面就好。从前面所讲的十二种经营分析指标中选出六种左右，制作成仪表盘图就可以了。

制作出公司的"前进"仪表盘图

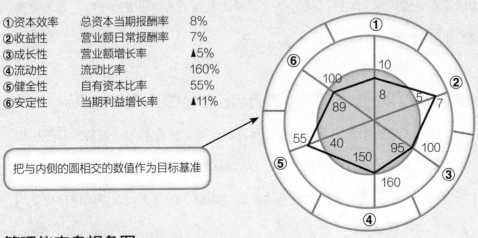

①资本效率　总资本当期报酬率　8%
②收益性　　营业额日常报酬率　7%
③成长性　　营业额增长率　　　▲5%
④流动性　　流动比率　　　　　160%
⑤健全性　　自有资本比率　　　55%
⑥安定性　　当期利益增长率　　▲11%

把与内侧的圆相交的数值作为目标基准

管理仪表盘想象图

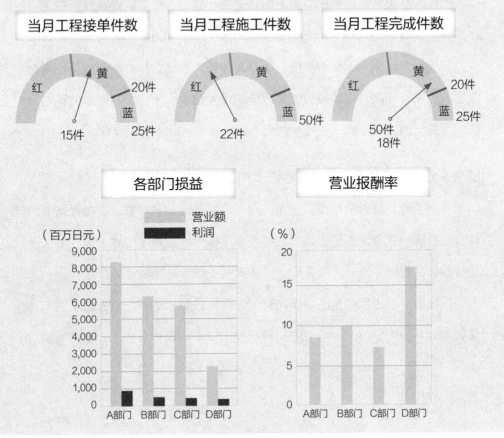

当月工程接单件数　　当月工程施工件数　　当月工程完成件数

各部门损益　　　　营业报酬率

这种每月报告的资料是给经营者看的"经营罗盘",像很多IT供货商的信息系统传票输出软件,就是以"管理仪表盘"或"管理驾驶舱"等名称商品化。

◆ 不仅仅以同业为基准,要有自己独特的关键绩效指标

持续成长的企业,不仅会对比预算与实绩,还会利用一般的经营分析指标,更拥有自己独特的目标数字。以关键绩效指标(KPI,Key Performance Indicators)作为业绩评价指标进行分析,把用在经营上的关键绩效指标变成了进化的道具。

随着每月决算,评价损益表上的每个会计科目,比如营业额或利益是否比预算高、既有的店铺营业额与前期比较是否超过100%、毛利率(正确来说是营业额总报酬率)是否比前一个月高等等。当然,检查现金流量(现金收支)也不可或缺。实绩数值就是现金调度实绩表,下一个月以后的预定数值就是资金调度预定表,通过这两个表可确认各项收支有无异常。

能快速分析多项数字,就能掌握进度和效率

有别于此,若为接单型的企业,则要确定接受的案件数、提出提案书的件数、新客户获得(签约)数、订单余额(件数、金额)等业务流程的关键绩效指标,每隔一段时间就要检查,并预测工作的进度和效率。

例如营业的进度中从①"访问对方公司"开始,②"与对方的重要人物接触并详细说明",③"与对方接触情况不错,审议检查中",④"签约"

等，分解成四个或五个程序，让所有业务员可以清楚地看到每个顾客的进度（目前分别在什么阶段），做成图表后便一目了然。

不同行业的指标数字也不同，"每月营业额"分析是重点

由于业种不同，指标会有些许差异，以下介绍一些优秀公司采用重要指标的案例：

①连锁零售业：若一个月的营业额是1000万日元，卖场面积为50平方米，则"平效"（用每月营业额除以卖场面积，来看卖场单位面积效率的指标）为20万日元/平方米。关注每个月平效的变动很重要，与其他店铺或自家店铺前一年度的平效做比较也很重要。零售业的专业月刊杂志上会登载实际的范例，可以作为参考。良品计划公司（于东证一部上市）在每次决算时，都会公开"无印良品"直营店卖场面积每一平方尺（一平方尺约等于0.11平方米）的月平均营业额、每个员工每月的平均营业额、卖场每一平方尺面积的平均库存余额（平均库存金额）、每人平均卖场面积的"Data Book"（见图表4-6）。

②零售业：有些公司为了使营业报酬率达到8%，以"毛利人事费用比率（人事费用÷毛利率）要维持在25%以内"，以及"毛利租金比率（土地房屋租金÷毛利）要在15%以内"为标准。

③全体零售业：要重视既有店面营业额与前一年同期的比较、每个员工的营业额、商品部门损益等。从既有店面营业额与前一年同期比较可以看出，新店开张之后经过一年是否得到顾客的支持，是否至少赚到100%（与

前一年同等金额）以上，这是重点。商品部门损益，每个部门的报酬率若不同，则必须根据主要原因改变政策，若某个部门出现了赤字，就必须讨论是否将其撤销。

④制造业：前提是掌握各工序的适当成本，并依次计算出各个制成品的成本。并且要重视每一条生产线每个小时制造的平均数量。

⑤仓储业：除了计算每张出货传票的作业时间，还要计算出货传票上每一行的作业时间，以判断效率。

⑥物流业：以每月一次为基础计算出每件货物的物流成本，并比较分析。每件的数值又有L、M、S的尺寸差异，若能分别计算出来就更好了。

⑦不动产业：一年内每位员工的营业利益或成交件数都很重要，也可以用每位员工每个月依顾客类别做出的简易进度表评价进度状况。

⑧软件公司：将一年内每位员工的平均营业额与其他公司相比是重要的指标。经营管理顾问业也一样，营业额的列计是人事费用的多少倍也很重要。可以了解每个员工在几个月内能拿到多少钱的合约（营业额），跟常会被问到"能赚到薪水的三倍吗""要赚到薪水的几倍才可以"的业种特性相吻合。

⑨网络购物：当月新签约人数、平均每位签约者的购买单价、每个月请款单的发送张数、每张请款单的平均销售单价等，用多种指标来分析并掌握客户动向。

⑩饭店、旅馆、餐饮业等：旅馆或餐厅的容纳能力和工厂的良品率一样重要，是基础的指标。若餐厅一年的容纳能力为3万人（120桌×营业天数

250天），收容业绩为9万人，利用率就是周转三次。而利用率要达到周转几次才能出现黑字，是很重要的指标。也有的企业像东京帝国饭店（于东证二部上市）那样，在有价证券报告书上公布"A.房间的容纳能力、容纳业绩、利用率、每日平均容纳能力，B.餐厅的容纳能力、容纳业绩、利用率、每日平均容纳能力"，请参考图表4-6。

⑪分析不同业种每月的营业额也是个重要指标。营业额＝单价×客数，因此要以月为基础，依商品种类或店铺类别，与前一年同期做比较。以不特定多数的顾客为对象的外食连锁店大概就是这样，若常客数大约占总客数的一半，那么获得新客户数或营业额的变化就很重要。还可以把既有客户按阶层分类并分析，比如A级（优良客户）本月下了几次订单、平均单价多少。

良品计划与东京帝国饭店的指标

良品计划"无印良品"直营店的平均单位营业额

			2010年2月期		2011年2月期	
				前期比（%）		前期比（%）
	营业额	百万日元	102,551	101.2	105,171	102.6
每平方米营业额	卖场面积（期中平均）	平方米	161,323	106.6	174,219	108.0
	每平方米每月平均营业额	千日元	53.0	94.9	50.3	94.9
每人平均营业额	店铺员工数（期中平均）	人	3,854	102.5	4,171	108.2
	每人每月平均营业额	千日元	2,217	98.7	2,101	94.8
每平方米库存余额	库存余额（期中平均）	百万日元	7,095	112.1	7,321	103.2
	每平方米每月平均库存余额	千日元	44.0	105.2	42.0	95.5
每人平均卖场面积	店铺员工数（期中平均）	人	3,854	102.5	4,171	108.2
	每人平均卖场面积	平方米	41.9	103.9	41.8	99.7

用"每平方米"或"每人平均"得出营业额或卖场面积指标与过去年度的比较，就可以知道效率是如何变化的。

图表4-6

东京帝国饭店的业务所容纳能力等指标

项目	2010年3月期				2011年3月期			
	容纳能力	容纳实绩	利用率	每日平均	容纳能力	容纳实绩	利用率	每日平均
房间	340,457间	244,295间	71.8%	669间	339,815间	257,699间	75.8%	706间
餐厅	451,505人	1,429,035人	3.2次	3,915人	451,505人	1,431,279人	3.2次	3,921人
宴会	1,368,750人	602,783人	0.4次	1,651人	1,368,750人	627,677人	0.5次	1,720人
委托餐厅	200,385人	230,174人	1.1次	631人	200,854人	231,854人	1.2次	635人

出处：良品计划2011年2月期Data Book、东京帝国饭店财务报告书

◆ 数字的变化，有助于你思考该采取什么措施

以上只是个案，未必适用于所有的业种、业态，但可以互为参考，找出适合自己公司的独特指标。即使单纯地把营业额或成本（销货成本和营业费用）除以每个顾客、每个区域（据点）、地区人口每千人或每个业务员等数字算出平均值，也可以从中发现有用的数值。

不过，不能只做出重要指标就结束了，这样没有意义，必须依照每个指标的分析结果，思考该采取什么措施。

例如，"营业额是99.5%，和前一年同月份几乎相同，但客数却减少了10.5%"这种情况，光是客数减少就代表着经营状态亮黄灯了。要视为相当危险的信号，必须采取应对措施提高营业额。

来店客数与前一年相比没有什么不一样，但是购买的客人变少了，也就是说虽然进了店门，却没有购买商品（或许是商品出了问题），或者正好当月单价高的商品卖得不好（如果有畅销商品，也可能是卖完了，若能预防缺货，应该会卖得更好），或者新客户减少了。把理由仔细分析清楚后，可以实行改变陈列方式、增加商品种类（或者减少种类，或者替换成其他商品）、举办促销活动、改变销售方法等各种措施。观察这些措施的成果，再采取下一步措施。

设定分析业绩的数值，再看数值的变化去实施各种措施，反复执行这些的过程正是经营的真谛所在。

5　无论任何企划，一开始就要定下长期目标

人会死亡，但企业不同，从诞生到开始不断成长，只要经营得足够强大，便可以永续长存。

刚创业的"起步期"、下一阶段的"快速成长期"、某程度的成长结束后，进入稳定状态的"事业基础稳定期"，在每个发展阶段中，都应该通过需求（市场）、供给系统、各种管理手段，清楚地认识自家公司的经营课题。

◆ 每段时期要面对不同的优先课题，把握两个重点

解决各个经营课题时的优先级，每个阶段都有所不同。如果搞错了解决课题的优先级，反而会事倍功半，更有可能带来新的问题，因此必须注意。即便已经辛苦地创业，但要让这份事业持续成长，同样必须花费很大的努力。

在起步期，或许会因为经营者的远大志向加上强烈的想法和领导能力、商品或服务的崭新性等因素，达到某种程度的成长。然而要想持续成长下去，就必须解决进货、销售、物流等各业务的标准化流程（不论由谁来做，业务的流程都一样），或者商品供给系统的大规模化、效率化等完全不同的经营课题。起步期与快速成长期要关注的重点并不同。

那么，在企业的快速成长期该做些什么、怎么做才好呢？我给大家一点提示。

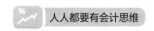

重点① 一切都数字化，每一天都要记录

零售店的收款机虽记录了消费客数，但还是该按时间和性别等把每天的来客分别记录下来比较好。用来店客数除以购买客数，即得出来店购买客比率。如何让来店却不买的顾客比率下降呢？要用什么样的商品组合，采取什么样的陈列方法才好呢？上午、下午哪个时段的顾客比较多？每天有多少人询问过商品，都问了什么？什么时候哪样东西卖了几个？星期几是顾客最多的日子？如果有时间观察来店顾客的行为，就要记下顾客犹豫许久最后没有买的商品是什么。像这样累积每一天的记录是非常重要的。

用心分析这些数值，采取对策。在采取对策后，还要再观察这些数值的变化，这样就能知道对策的效果是什么。就跟人一样，经常了解企业的健康状况也是很重要的。

重点② 太厚的手册没人想看，掌握重点，把业务"标准化"

把处理业务的所有流程、手续，如销售管理、采购管理、库存物流管理等都标准化，并做成业务手册，让所有负责人遵照执行。如果顾客的需求改变了，这个手册也要跟着不断地更新。

依据不同的业务，有些情况下不用手册，而是使用检查清单（Check List）或对账单（Check Sheet），每次都检查程序或手续有没有遗漏或重复比较好。手册是记载应做的基本事项的指导书，不需要把所有东西都详细写上去，作业手册太厚没人想看，也很难记住。

◆ 每个单位都要有"独立解决问题"的能力

度过快速成长期，员工也增加了，企业规模达到某个程度时，就应该脱离个体商店的领域，朝着组织性运营迈进。若掌控企业运营的社长突然倒下了，该如何应对？其实只要先确定各个部门的领导者，然后把权限转移给这些人就可以了。

决定各部门职务的主管（角色分担）与各阶层的权限（也包含可以清算的金额基准），制定进货、物流、销售、购买、财务、会计、信息系统等业务管理规章，然后依照规章运作。为防止舞弊或错误，还要确定能够立刻有效地发现问题的内部牵制组织（称为"内部控制系统"）或手续，然后实行。

即使企业规模扩大，但和在小规模时一样，经营者也要及早认识到在总公司、总部、现场发生的问题，立刻提出解决问题的对策。在每个月一次的董事会议上，一边看着可以掌握现场状况的指标，一边在董事之间彻底讨论，然后决定期限并采取正确的对策。若不做出这样的架构，企业就不会察觉环境在变化，总有一天会消亡。就像"温水煮青蛙"一样，当水温缓缓上升时青蛙没有发现，等水煮沸了就会死去。

6 找出不必要的经费，削减再削减

若营业额不如预期、为资金调度所苦，企业首先就会想到削减经费。谈到削减经费，立即想到的就是削减活动这个策略。"因为停止原本计划的活动，本部门可以削减10%的经费"，这是很常见的案例。如果同样的活动可以用别的方法低价完成倒还好，但是这样是不行的，营业额会随着不举办活动越来越低。

◆ 厉害的成本削减是"花更多的钱，提出更赚钱的企划"

日本麦当劳控股公司社长原田泳幸曾在他的著作《不断胜利的经营》中说过这样的话：

"削减成本就是'花更多钱，提出更赚钱的企划'。经营越是险峻时，就越要讨论花更多的钱去投资，若不如此，以后就不可能复活了。"

原来如此，这话说得真对。不要被一直以来运用金钱的思维束缚，要思考用什么全新的方法来运用金钱以提高营业额，有必要彻底想清楚并慎重实行。

特别是战略性投资或人才投资更不能小气，虽然不会有立竿见影的效果，却是支持公司下一阶段成长必要的投资，企业若不能持续生存，便失去了意义。

糟糕的成本削减：确定固定的削减数字

广告宣传费或促销费等直接与营业额有关的经费，不应该单纯地"一律"削减，不妨全部从头检视过去的做法，然后比较并分析削减各项费用的后果，全面变更做法。若以"一律削减30%"这种方式来实行成本管控，也会削减了真正有必要的经费。应该依各科目、内容，如"关于土地和房屋租金，是否有必要在市中心房租高的地方""过去外包的商品是不是内制化好，还是生产线要全面外包"，或者"原材料能否做到零库存"等方面进行检讨。

不要想一些"办不到的理由"，而是思考该怎么做才能达到目标。

◆ 扩大服务、大量采买，成功削减经费

最近有些企业经营管理顾问会调查办公室中各种物品的购买来源和价格，指导企业如何节约经费。

也有公司扩大自己的服务项目，例如理光公司便开始以MDS（Management Document Service，文件管理服务）对企业提供有关削减文件经费的政策和服务：帮客户计算出最适当的复印机台数，或者考虑使用方便的配置（《日经商业》2011年12月5日报道）。光是把复印机台数减少到最适合的数量，似乎就颇有成效。

另外，ASKUL公司则利用统一购买间接材料削减经费需求，提供"Soloel"（统一购买）的商业模式给大企业。规模越大的企业，就越常发生各部门向不同业者采购同一种间接材料、但购买的质量或单价都各有不同

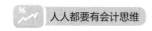

的情况。例如工厂中使用的工作手套，每个工厂买到的单价都不同。若将这些需求统一后，向同一个业者发单采购，就能降低采购的金额。通过将采购程序"透明化"，在实施业务改革的同时，也可以推行这种代买的业务。

◆ 单纯地减少经费，不能"减少浪费"

我是在二十年前认识了永守重信社长，他是发动机制造商，1973年创立日本电产公司，并创造集团营业额达6885亿日元（2011年3月期）的战绩。

他在当时就是有名的"工作狂"，除了元旦其他时候都不休息。我曾问过他的兴趣是什么，永守重信社长回答："回家之后泡在浴缸里，浏览用塑料套包好的《公司四季报》，寻找亏损的公司（为了收购）。"他的认真令人敬佩，跟泡澡时完全放空、发呆的我截然不同。永守重信先生并不是觉得时间珍贵才拼命工作的，我觉得他是以他自己独特的姿态把工作当成乐趣。

永守重信先生在业界闻名的成绩，是曾收购了国内外约30家业绩恶化的公司，而几乎每一家公司都重新站了起来。

在2011年7月，他收购了当年至3月为止连续3期营业赤字，且在收购前的六个月，当季也是赤字的三洋精密公司（现为日本电产精密公司）；但在收购后的第二季起，就有了2.5亿日元的获益！《日经商业》2012年1月9日的报道中谈到了他并非"单纯地削减经费"的做法：

经营企业重要的并不是用严格削减成本来提高利润，而是创造出可以不断创造企业价值的"循环"。首先是"提高利益"。要想提高利益，就要让营业额增加（称为财务价值）。在这个过程中，培育出能主动思考"为什么没有利益"然后行动的员工，同时提高员工对成本、利益等的意识以及激发他们高昂的士气（称为人才价值）。其次是提升"顾客感觉的价值"，而后是提升"在股票市场上的价值"，便于进行M＆A（企业并购），也更容易聚集优秀的人才和低成本的资金。若能提高财务价值、人才价值、顾客感觉的价值、市场价值，则企业价值也会得到提升。创造这种连锁的循环，是经营企业最重要的事情。

那么，最初提升财务价值该从哪里做起呢？

首先是改革损益表，也就是完全重新做成本结构。为此日本电产公司开展了"K–PRO"和"M–PRO"活动。

"K–PRO"就是"削减经费计划"的简称，除去人事费用、材料费用、外包费用，针对办公用品费、电费、出差费、物流费、交际费等的经费削减活动。无谓地把用不到的办公用品堆放在桌子上，毫无意义地占据很大的空间；在工厂里没有用的机器就这么闲置着；挪开用不上的东西就可以缩短生产线，还可以提高生产效率；许多员工明明用自己的汽车通勤，却支付电车通勤交通费给他们等。到处都有可以改善的空间。

"M–PRO"是指削减购买费用的计划，正式对购买对象提出减价要求。实际上，将供货商范围缩小以降低购入价格，找寻价格更低廉的资材，更换供货商；重新检讨设计或生产方法，以求用少量零件材料制造，等等，彻底地进行供应改革。2003年10月收购的三协精机制作所（现为日本电产三协）也是通过这些活动改变成本结构后，才开始获利的。

日本电产公司的状况则是，揭示"不良品在50ppm（2万个中有一个的比

例）以下""营业额材料费比率在50％到60％之间"及"库存在七天以下，实现每位员工每月100万日元以上产能的附加价值"等目标，依此开展活动。

并非单纯地削减成本，重要的是找出过去看不到这些浪费的原因，彻底重新检视所有经营过程，朝着"产生利益"的方向改变。揭示目标数字，员工的意识改变了，公司就会改变——这正是会计数字推动人改变的实例。

◆ 定出数字，就能自动减少"浪费"

2011年3月，由于福岛第一核能发电厂发生意外，东京电力公司与东北电力公司下属的许多公司被强迫达成节约用电15％的目标。我还记得当时街上各处都异常昏暗，而对于用电量大的工厂来说，适应这个变化会十分艰难。

这个电力使用限制令在2011年7月9日晚上8点后解除。当初原本预定限制到7月22日为止，但是由于度过了酷暑的关卡，电力供需的状况也改善了，因此决定提前结束。

本质上说，应改善的地方非常多，如夜间用电的崭新方法、送电时防止漏电的方法或思考完美的蓄电方法等，但是让大家一起实行眼前能做到的事情也有意义。揭示目标数字，全体相关人员都朝着同一个方向努力，才达成了节约用电的目标。

虽说若没有东京电力的这场意外，就不需要这样刻苦地努力，在这个意义上，似乎不能说是个好例子，但是这也是数字推动人们行为改变的一个实例。

◆ 算算看，"不必要的会议"花费了多少成本

无论什么业种的公司，都常有多到令人厌烦、却总是开不完的会议。"会议"本来是让所有与会者彼此提出意见，互相讨论、创造出最好的提案，然后采用。可是很多会议成了单纯地报告、联络、指示、斥责的场合，甚至有些参加者从头到尾都不发言。

会议，也可以"盘点"

我曾在拙作中提出，为了减少无谓的会议，建议盘点会议（制作出目的、参加者、决议事项、时间等的一览表，决定是否需要召开），然后计算出每个与会者平均每小时的人事费用，最后计算出"会议的价值"，看看会议的结果是否符合这个成本的价值，再进行检讨。

在此省略详细内容，但在年收入640万日元的人身上，大概要花1200万日元的经费。在此基础上，假设没有这个会议，社长和负责业务的董事去做业务提高营业额的机会成本为100万日元，计算花了90分钟、固定有8位董事出席的董事会的价值，结果是120万日元。

这个董事会议是否有120万日元以上的价值？会议的决定事项是否有成果？如果所有的会议都像这样计算，我想讨论时的认真程度就会截然不同。光是削减不必要的会议，就可以把宝贵的时间用来做别的事情。

盘点会议，看是"有效率"还是在"浪费时间"

No.	1	2	3	4	5
名称	董事会	经营会议	部课长会议	制造销售连络会议	业务改善委员会会议
目的	法定事项、重要决策、其他	有关经营的决策、报告	经营会议准备，多为报告、联络或商讨	销售价格与制造价格的调整	业务流程的标准化与改善
规章	董事会规章	无	无		
参加者	董事、监事	董事、经理	经理、主管		
参加人数	8位	12位	18位		
频率	每月定期1次，临时会议则是随时	2周1次	2周1次		
所需时间	2小时左右	2个半小时	2小时		
会议记录	由事务局制作，会后用电子邮件发给与会者浏览	由经理传阅，有精细度的差异	由企划部主管制作		
预定的决议项目	平均4项	5~7项	3项以上		

图表4-7

No.	1	2	3	4	5
平均每次决议数	几乎均为相同数量的决议	未决定的也很多，约3项。			
"决议、讨论"和"报告、联络"的时间分配	决议6 vs 报告4	决议4 vs 报告6			
是否于事前发布目的或数据	于前一天发布	大概只有一半发布			
评价	◎	△			

开会是否只是在浪费时间？盘点后分析看看吧。如果是没有成果的会议，就应该立即废止！

7 光用"关键数字"，就能激起危机意识和行动力

日本东丽公司（TORAY）名誉会长前田胜之助为世界尖端材料制造商东丽公司打下了基础。1987–1997年的十年间，他先后担任过社长和CEO，优衣库在"发热衣"等素材开发上也得到过东丽公司的大力协助。

◆ 从数字中感受到危机，开始经营改革

在前田先生已经成为会长后的2002年3月，东丽公司面临创业以来的首次营业赤字。当时，从决算的半年前便开始集合董事讨论，前田先生询问财务、会计部门的干部，"这种状况持续下去，东丽公司什么时候会倒闭？"答案是两年零九个月后。

在第二期开始，前田先生重新担任CEO，任期为两年。为了与工会共同增强危机意识，他建立了"NT（New Toray）21劳资经营协调会"，彻底改革公司"整体基础"的"NT21"措施从2002年4月开始展开。

前田先生预估"两年内可以削减500亿日元的费用"，所以下令彻底削减总费用，并每月进行检查，不容松懈，再将总公司严格削减的费用转到发生赤字的纤维部门。

"'借此扭亏为盈'的立意，换个角度看就像是在发'奖学金'。经营是七分鬼心三分佛心。"（2011年10月28日《日本经济新闻》早报）

改革的第一年，很快便使营业利益触底反弹。前田先生在第二年就提前创造了业绩，接着便从会长、CEO及董事的职位上退了下来。

◆ 激发员工的行动力，用数字就对了

在这个实例中，出现了两个重要的数字。

第一个数字是年月。引发前田先生重新担任CEO的契机就在于负责财务、会计的领导所说的"两年零九个月后"。我想这位领导清楚地知道公司的损益结构与现金流量结构，因此才能计算出陷入超过负债为止的年限。这个数字让所有领导都了解了情况，甚至应该让他们提高了危机意识。

第二个数字是金额。实行削减经费时，前田先生提出了"两年内削减500亿日元费用"的目标。这虽是目标值，却也是表现经营者明确意志的指标。

经营有困难时，经营者要指出明确的方向，并以简明的话语说明，如果不做出指示，员工就无法跟随。经营者向所有员工阐述立场的时候，若有数字为证就更能增强说服力，这是非常好的例子。

CHAPTER

5

**这5家知名企业的
社长、员工，
都在用"数字思考力"**

用"数字"发现并解决问题，工作变简单了，
公司还能快速成长

**公司稳步成长并赚钱，老板、
员工都获益**

　　宫田明秀教授曾说："能做到'钱的经营、人的经营、企业的经营'这
三项，才能称为经营者。"2012年3月，宫田教授从东京大学退休，他不只
在船舶工学领域相当知名，还曾担任1995年"美国杯"世界第一帆船比赛时
"日本挑战队"的技术指导。

◆ 经营者必备的三要素，不是人人都有

　　数年前，宫田教授曾带我参观他自己的船舶工学研究室。当时教授笑着
跟我聊起募集资金的辛苦，"钱是从许多企业调度来的，我用那些钱和学生
们一起购买研究室的设备持续研究至今，跟中小企业经营者是一样的"。在
组织维持、发展的意义上，大学的研究室也跟企业一样。

　　我认为，若以宫田教授对经营者的定义，再符合下列三项条件，就会是
"能够创造出强大企业的经营者"。

　　①拥有远大的志向。

　　②不仅仅为了赚钱，也不仅仅追求私利和私欲。

　　③懂得会计思维的方法。

　　想让世界往好的方向发展，想做对他人有帮助的事，拥有这种远大的志
向，不会仅仅为赚钱或者追求私利和私欲，他们拥有远大的理想，希望让顾

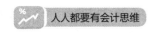

客、员工、交易对象、股东等利害关系人都能更好，借由会计思维来经营金钱、人及创造事业这三个领域。这样的经营者，应该就能创造出强大而持续成长的企业。

◆ 让所有员工都懂怎么用"会计思维"

既然是经营者，就必须拥有一颗热情的心和冷静的头脑，还要能客观地看待自己的行为，更进一步还需要有魅力，如果能吸引他人，就算不善言辞也能让员工愿意追随。

之前也曾再三说过，会计思维就是确定公司的商业"损益结构"及"现金流量结构"，思考让两者都能是正数的方法。简单来说，损益结构就是"赚钱"，现金流量结构就是"留下现金"。

而要想建立强大的成长型企业，不只是社长，甚至所有员工都应该懂得会计思维。反过来说，要让所有员工都懂得会计思维，经营者必须身先士卒。虽然不需要详细理解复式簿记或财务报表，但是应该在脑子里时常记住损益结构、现金流量这些重要的数字，再采取行动。

在本书的最后一章，我就用五个实际个案研究，来说明"能够建立强大的成长型企业"的经营者的经营方式。

拥有会计思维的经营者，有八个特色

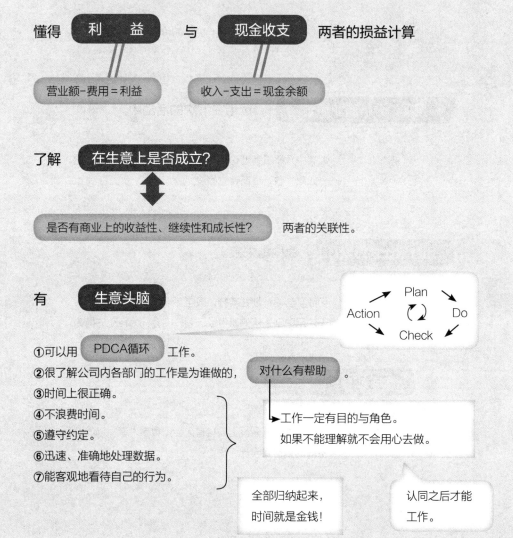

· 懂得 **利 益** 与 **现金收支** 两者的损益计算

营业额−费用＝利益 收入−支出＝现金余额

· 了解 **在生意上是否成立？**

⬍

是否有商业上的收益性、继续性和成长性？ 两者的关联性。

· 有 **生意头脑**

Plan
Action ↻ Do
Check

①可以用 PDCA循环 工作。

②很了解公司内各部门的工作是为谁做的， 对什么有帮助 。

③时间上很正确。

④不浪费时间。

⑤遵守约定。

⑥迅速、准确地处理数据。

⑦能客观地看待自己的行为。

工作一定有目的与角色。
如果不能理解就不会用心去做。

全部归纳起来，
时间就是金钱！

认同之后才能
工作。

· 对公司的 **数字** 或 **财务报表** 是用什么方法做出来的，有某种程度的了解。

整个公司或各部门有许多应该管理的数据。
不只是损益数据，也有警告数据。

- "活动""动作""东西""事情" 都能换算成金钱。

  就如本书所述，会议的价值也换算成金钱了。

- 用理论分析商业活动 ，运用在下次的活动中。

  现实中几乎没有理论。首先建立假设，然后验证理论。
  →如果失败，重新建立假设。

- 用数字计划愿景 ，建构出未来。

  用数字容易计划并实行，数字可以推动人行动。
  无法用数字表示的愿景或计划，不会成为行动的指南。

- 了解 数字或会计的极限 。

  会计是建立在假设上，也有人会用数字说谎。
  不被欺骗也是会计思维。

优衣库社长：提出"超高销售额"目标

在第一章曾经提过，目前优衣库的目标是"世界第一的服装制造零售企业，要在2020年达到营业额5兆日元、税前净利1兆日元"。营业额方面，2009年9月举行的事业战略说明会上，柳井先生谈到"2020年迅销集团的梦想"时，第一次提到了这个目标数字。2009年8月期营业额为6850亿日元，因此到2020年为止的十一年间只要每年确实以20%的速度持续增加收益，营业额就能超过5兆日元，理论上是可以达成目标的。

◆ 否定现状，就是公司的生存之道

隔了一年，在2011年9月举办的事业战略说明会上，提出迅销集团和优衣库的获利目标是"2020年营业额达到5兆日元，税前净利达到1兆日元"。此外，还提出营业额在2012年为1兆日元、2013年为1.3兆日元、2015年为1.7兆日元，十六年以后若能每年增加5000亿日元，就能够实现5兆日元的目标。

柳井先生在他的著作《成功一日可以丢弃》中是这么说的：

"若想让公司成长，'满足于现状'是最愚笨的做法。必须否定现状，持续改革。如果做不到，公司就只能等死。"

"我们现在应该为了在2020年成为世界上经营效率最高的企业，达成营业额5兆日元、税前净利1兆日元的目标而每天不停地挑战。也许有人会嘲讽

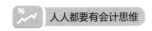

这是个鲁莽的目标，但是把各项指标都往上提升，我们的集团以优衣库为首成为全球性品牌，就有可能达成。"

虽然是超乎常理、看似荒唐的目标，但是如果完全不提出目标，营业额不但不可能比前一年增长，还会逐渐衰退。人本来就是有惰性的，如果没有适度的刺激或目标，立即就会偷懒。

有目标，就能知道"现在该做什么"

在大脑里想象一下那些数字的意义，试着把各种局面都想象一番：营业额5兆日元时，各国分店的营业额分别是多少？到时候店铺数会是多少？店长与工作人员人数是多少？在哪个国家生产多少商品，物流该怎么做才好？总部及地区总部的组织规模与职能又是如何？人事、会计或财务部门应该放在哪个国家？会出现各种疑问或预测的项目。

为了实现这个超高的目标，该怎么做呢？彻底想清楚各种方法，而实行的行为及过程本身也是非常重要的。

在低成长时期才更需要提出能振奋精神的高目标。不过，要绝对避免硬把目标数字强加在员工身上。要借着任务和愿景让员工能够了解经营者的强烈意识，同时也能让所有员工一起分享远大目标。会计数字可以激发员工的斗志，也可以改变公司的现状。

◆ 上市前的开店资金是从"资金周转差"来的

1994年7月，优衣库在广岛证券交易所上市。而早在1991年9月起，优衣库就以上市为目标正式扩展连锁店。在这个过程中，虽然曾遇到担保不足、银行借款不如预期的紧急状况，所幸"现金零售"是"服装销售"这种营业形态，在开店资金的调度面上很有帮助。

如果商品采购用现金支付，销售也是收现金，卖出去的时候手上只会留下差额的现金利益。既然营业额大部分都是现金销售，若进货后在下个月才用四个月期的支票支付，就可以把营业收入的现金留在手上达五个月以上。

这就叫做"资金周转差"，优衣库确实是拜此所赐。除了准备日常的运营资金，还可以用来扩展新店时投资设备。

不过，商品要如预期畅销才会顺利，如果不畅销就完全不行。而仰赖资金周转差来运作，就像踩脚踏车却忽然停止蹬踏板一样，只要一处停下就会影响到全体。必须按照预定的基准，制作出正确记录下个月后的现金进出情况的"资金调度预定表"，并借此进行管理。

话虽如此，上市前每个月还为2000万日元~3000万日元的设备投资资金所苦，上市时却一次性获得了130亿日元左右的公开增资，我想这都是因为优衣库的成长性和商业模式的创新性获得了众多投资者的肯定。

资金调度预定表的制作方式与流程

补充说明"资金调度预定表"的编制方式。"资金调度预定表"就如图表5-2范例的方式制作，详细管理现金的收入与支出预定，编制方式与流程说明如下：

（1）首先制作一年内的短期经营计划（预算），在表下方的"损益预算"⑭营业额（预算）~⑰杂费（预算）中填入数字。

（2）人事费预算（例如在发奖金的月份，将当月营业额的11%加入奖金内）是在当月发生，预定额就要在当月以现金支出，因此填在损益预算与经常支出这两个地方的是人事费用。

（3）假设营业额的70%为现金收入，即①现金销货 = ⑭营业额（预算）×0.7。

（4）假设营业额的10%是应收账款，预定在销售后的第二个月回收现金：②应收账款回收 = 上个月×0.1。

（5）假设营业额中剩下的20%挂在应收账款后，以三个月期的支票回收：③应收票据到期日入账 = 三个月前⑭营业额（预算）×0.2。

（6）以现金进货的部分是进货预算的20%：④现金进货 = ⑮进货额（预算）×0.2。

（7）进货预算的80%是用三个月远期支票支付：⑤应付票据清算 = 三个月前进货额（预算）×0.8。

（8）外包费用的支付与上个月的外包预算金额相同：⑦外包费用 = ⑰外包费用（预算）。

（9）杂费支付的金额与上个月的经费预算相同：⑧杂费支出 = 上个月⑱杂费（预算）。

（10）⑨设备投资是从投资设备预定表填入实际现金支出的月份中（如

果和银行实际的借款交涉接近，就进行）。❿税金、股利也是填入预定实际
支出的月份中。

（11）从当月的经常收入中减去经常支出，得出经常收支（列计⓫利息
支出之前）。

（12）经常收支为负的月份，写入与该收支金额相符的⓬借款收入。

（13）配合借款、还款的条件写入⓭偿还借款的金额。

（14）依据前期期末借款余额、⓬借款收入、⓭偿还借款，计算出⓳期
末借款余额。

（15）由⓳期末借款余额，以利息（年利率）3%来计，计算出⓫利息
支出。

（16）再次计算日常收支。

（17）每经过一个月就将所有预定值替换成实际业绩。编制一年后的预
定表并经常更新。

管理现金收支预定的 "资金调度预定表" 范例

资金调度预定表（2012年4月1日～2013年3月31日）（单位：千日元）

		4月	5月	6月	7月	8月
前期转入现金存款余额		240,000	262,345	249,623	269,055	267,762
日常收入	①现金销货	84,000	80,500	81,900	87,500	75,600
	②应收账款回收	10,700	12,000	11,500	11,700	12,500
	③应收票据到期日入账	21,800	20,800	26,000	24,000	23,000
	其他入账	500	0	1,200	0	350
	合计	117,000	113,300	120,600	123,200	111,450
日常支出	④现金进货	12,480	11,960	12,168	13,000	11,232
	⑤应付票据清算	43,500	42,600	46,500	49,920	47,840
	⑥人事费用	13,200	12,650	12,870	33,750	11,880
	⑦外包费用	12,600	14,400	13,800	14,040	15,000
	⑧杂费支出	9,750	9,600	9,200	9,360	10,000
	⑨设备投资	0	45,000	0	0	0
	⑩税金、股利	0	36,500	3,200	0	0
	⑪利息支出	125	313	430	423	413
	合计	91,655	173,023	98,168	120,493	96,365
日常收支		25,345	▲59,723	22,432	2,708	15,086
财务收支	⑫借款收入	0	50,000	0	0	0
	增资、发行公司债务等收入	0	0	0	0	0
	⑬偿还借款	3,000	3,000	3,000	4,000	4,000
	其他支出	0	0	0	0	0
期末现金存款余额		262,345	249,623	269,055	267,762	278,848
损益预算	⑭营业额（预算）	120,000	115,000	117,000	125,000	108,000
	⑮进货额（预算）	62,400	59,800	60,840	65,000	56,160
	⑯人事费用（预算）	13,200	12,650	12,870	33,750	11,880
	⑰外包费用（预算）	14,400	13,800	14,040	15,000	12,960
	⑱杂费（预算）	9,600	9,200	9,360	10,000	8,640
⑲期末借款余额		125,000	172,000	169,000	165,000	161,000

图表5-2

9月	10月	11月	12月	1月	2月	3月
278,848	294,749	294,507	291,629	272,936	281,407	246,430
81,200	87,500	89,600	94,500	79,800	75,600	98,000
10,800	11,600	12,500	12,800	13,500	11,400	10,800
23,400	25,000	21,600	23,200	25,000	25,600	27,000
0	0	500	0	0	0	0
115,400	124,100	124,200	130,500	118,300	112,600	135,800
12,064	13,000	13,312	14,040	11,856	11,232	14,560
48,672	52,000	44,928	48,256	52,000	53,248	56,160
12,760	13,750	14,080	54,850	12,540	11,880	15,400
12,960	13,920	15,000	15,360	16,200	13,680	12,960
8,640	9,280	10,000	10,240	10,800	9,120	8,640
0	48,000	0	0	0	42,000	0
0	0	25,300	0	0	0	0
403	393	458	448	433	418	403
95,902	150,343	123,078	143,194	103,829	141,578	108,123
19,902	▲26,243	1,123	▲12,694	14,472	▲28,978	27,678
0	30,000	0	0	0	0	0
0	0	0	0	0	0	0
4,000	4,000	4,000	6,000	6,000	6,000	6,000
0	0	0	0	0	0	0
294,749	294,507	291,629	272,936	281,407	246,430	268,107

9月	10月	11月	12月	1月	2月	3月	年间合计
116,000	125,000	128,000	135,000	114,000	108,000	140,000	1,451,000
60,320	65,000	66,560	70,200	59,280	56,160	72,800	754,520
12,760	13,750	14,080	54,850	12,540	11,880	15,400	219,610
13,920	15,000	15,360	16,200	13,680	12,960	16,800	174,120
9,280	10,000	10,240	10,800	9,120	8,640	11,200	116,080
157,000	183,000	179,000	173,000	167,000	161,000	155,000	

设备投资在一年内有三次费用产生，总计1.35亿日元。若按照这个损益结构，4月底与3月底的现金存款余额虽然几乎相同，但借款好像只要增加3000万日元就可以了！

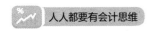

◆ 用"魔术数字"，提供物美价廉的商品

优衣库过去曾经有过从制造商手上买成品来销售的时期。经过这样的时期后，从商品企划开发、生产管理、流通到销售，所有事情从头到尾都由自己负责执行，自行承担风险，用缩短流通路径的方式压低各项成本，然后把销售价格往下降。

减少"不必要"，就能降低成本、拉低售价

在商品方面，用大量批货下单的方式降低成本，也可以降低售价。在店铺运营上，用自助方式减少待客服务，把过去标准的路边店铺改为仓库型店铺，以大量陈列的方式减少仓库面积；店铺内的装潢、地板材质、陈列架等也都讲求耐用性和成本，彻底实施低成本作业。而在市区开店铺之后，租金比率多少有一些提高。

优衣库是服装制造零售业，会把下单的商品都接下来（无退货），所以必须把商品卖到一件不剩才行。这是他们避不开的宿命。如果能够按照商品当初的售价卖完，毛利就会比较高，降价销售毛利相对就会减少。

例如，假设售价为1990日元的商品是以成本率为40％（成本为796日元）定出的，全部不打折卖完毛利率就有60％；若降价400日元（20％）以1590日元销售，成本为796日元，所以毛利是794日元，毛利率就是50％。管销费用比率若能维持在35％，扣掉之后也有15％的营业报酬率（参照图表5-3）。

所有战略都和"数字"有关，挑选正确时机才会奏效

可以实行"限时降价"，或者直接采用"变更售价"等方式，但是如果降价的时机选择错误，就会对利益产生重大影响。若能妥善应对投入商品的时间或降价销售的时机等重点问题，业绩就会提升。若不能妥善应对，业绩就无法提升。如果轻易地把业绩不佳归咎于全球经济环境或气候问题上，便难以想出积极的对策。所有的责任其实都在自己的公司里。

首先要有好的商品，不过实际上所有的商品都要卖一段时间才知道。像优衣库这样的制造零售业，到找出压倒性的"畅销商品"为止，公司内都不断地持续着在商品企划和销售之间的循环。能够进行各种实验，从错误中学习，才是制造零售业最强的地方。

优衣库原始售价的毛利率与扣除后的变化

	原始	原始%		扣除	原始%		扣除后	原始%	扣除后%
售价	1,990	100	–	400	20	=	1,590	80	100
成本	▲796	40					▲796	40	50
毛利	1,194	60	–	400	20	=	794	40	50

> 如果扣除后的损益结构中管销比率仍为35%，则营业报酬率为15%。

营业额	100%
销货成本	▲50%
销货总利益	50%
销售费、管理费	▲35%
利润	15%

图表5-3

◆ 要想赚钱，绝对不能增加库存

做生意铁的原则是每个星期、每一天都要确实地采取"能让公司赚钱"的必要措施，如此一来业绩就会变好。相反的，业绩就会越来越差。如果卖不出去，就想办法卖出去，把全国卖不出去的库存商品都移到卖得好的店里，或者开展促销活动（也包括限时降价），或者变更售价等。

例如，某商品在生产30万件时，就决定了售价为3990日元以及预售的时间。从第一次投入店内销售起，若感到似乎过了预售期也卖不完，就要准备把售价变更为2990日元，甚至在完全卖完之前不断地变更售价。

如果产品销售不好，就不再追加生产，将订单替换为其他商品，生产计划也要立刻修正。零售业是生产与库存量的战争，也是与生产销售计划的战争。

到了季末再变更售价比较好。因此，依据店长或营业部门的意见在会议上提出需要降价的商品，负责营销规划与商品计划的人每星期在讨论过后都要决定是否变更售价。

"应该变更""不应该变，按这个价格应该卖得完"等，即使提出各种意见，最后是否卖得出去还是由数字来证明。数字是最实在的，不会说谎。一些商品会在会议中讨论，但其中很多仍卖不好，通常这些商品都会变更售价直到完全消化掉为止。

能力越强的商品销售负责人，越倾向于提前变更售价。因为如果连这么做都得不到毛利，还不如把资源投到别的畅销商品上。变更售价、追加生产、终止生产等决定，都是在每个星期一次的同一个会议中进行的。

◆ 要想抓住销售基准，就要算好"平效"

营业额可以用顾客人数乘以平均顾客单价得出，营业额的增减，可以分解为顾客数的增减和单价的增减。另一方面，营业额也是销售商品的数量与商品单价的乘积。也就是说，可以分解为销售数量的增减与商品单价的增减。按这两种观点来分析的确非常重要。而与营业额密切相关的还有能显示出卖场面积效率的其他指标。

卖场的大小会影响营业额

与营业额正相关的重要因素是卖场面积与店铺地点。若为外食产业，则与食品的味道、待客方式、价格、装潢及气氛等有关。零售业则是商品的质量、设计、价格、种类及商品展示设计、待客方式等因素。虽然并不是卖场面积越大营业额就越高，但影响的确比较大。

要想看到卖场面积与营业额大小的相关性，就靠"每平方米效率"这个指标，它是指"每平方米卖场的年营业额"。有很多上市的零售企业则会把"每平方米卖场的营业额"这个数值放在财务报告书中对外披露，而实务上采用"平均每月每平方米卖场的营业额"表示"平效"也很常见。

2011年8月期优衣库在国内直营店营业额的平效是25.1万日元，与2003年8月期起几乎是维持在差不多的平效（24万~27万日元），图表5-4显示了直营店的平效。

增加商品与分店，维持平效

在刷毛毛衣风潮达到顶点的2001年8月期，其平效是47.1万日元，很清楚地看出销售有飞跃性的增长。最近因为其拆掉和重建，500平方米以上的大型店数量增加，到2011年8月底已经有了129家大型店，在全部843家店铺中达到15％了，更不能不注意卖场效率的恶化。眼下的目标是不让这个平效下降，应该一面增加商品数量，一面扩大大型店铺的规模。

其他公司的平效如下：SHIMAMURA（同为成衣产业）在2011年2月期的平效是7.2万日元（根据财务报告书计算）；良品计划2011年2月期平效（只计算"无印良品"直营店）是16.6万日元；以日本百货店协会每月发表的营业额与总店铺面积来计算，全日本的百货公司2011年11月的平效为28.1万日元。

以平效数字作基准，控制其他成本

因销售商品的单价与卖场的装潢、陈列方式等有所不同，无法单纯地与其他公司、其他行业的状况做比较。百货公司的数值之所以比较高，我想是因为除了店内销售以外的"外卖"比例达到了10％以上。其他公司的指标纯粹只能当成参考，还不如把注意力放在自己公司连续几年指标的演变上。

平效可作为营业额基准，非常重要，但是接下来该怎么获取利益呢？在成本与经费方面还应该用其他指标来控制，即便平效很低，但若毛利很高且租金与人事费用等经费可以压低（称为低成本作业），就能切实地获取利益。

以前述SHIMAMURA的情况来说，2011年2月期的毛利率为32.8％，虽然并不是很高，但是营业额管销比率为23.7％（在主要的科目中，人事费比率为9.5%、租金费用比率为5.0%、广告宣传费用比率为2.5%）实现低成本目标，经常报酬率为9.3%，这是非常高的比率。期末每名正式职员与兼职人员的比率为4.9人（这个公开数字是正式职员换算值，因此实际的总人数应该是这个数值的好几倍），可以推测出人事费用控制在很低的水平。

优衣库直营店平均每单位营业额演进表

项目	单位	2001 8期	2002 8期	2003 8期	2004 8期	2005 8期	2006 8期	2007 8期	2008 8期	2009 8期	2010 8期	2011 8期	是10年前的几倍
直营店商品营业额	亿日元	3,980	3,254	2,889	3,233	3,508	3,752	4,401	4,388	5,082	5,179	5,565	1.4
既有店营业额增长率	%	41.7	▲28.6	▲19.7	2.5	0.6	0.7	1.4	2.9	11.3	4.7	▲6.0	▲0.1
平均劳动人员	人	12,847	11,483	10,057	11,186	12,494	12,753	14,574	14,654	15,750	18,657	18,798	1.5
每人平均营业额	千日元	30,981	28,343	58,732	28,910	28,080	29,422	27,727	29,949	32,268	30,654	30,084	1.0
每平方公尺营业额	千日元	1,714	1,137	913	929	913	895	913	885	970	995	913	0.5
每家店铺平均营业额	万日元	82,098	60,821	49,711	52,623	53,223	54,595	57,899	60,076	68,688	73,194	69,585	0.8

图表5-4

项目	单位	2001 8期	2002 8期	2003 8期	2004 8期	2005 8期	2006 8期	2007 8期	2008 8期	2009 8期	2010 8期	2011 8期	是10年前的几倍
每家店铺卖场平均面积	平方米	479	535	544	566	583	609	653	688	710	746	773	1.6
平效	千日元/平方米	471.4	312.7	251.1	255.5	251.1	246.1	251.1	243.4	266.8	273.6	251.1	0.5

十年前是全日本掀起"刷毛毛衣风潮"的一年，把这期间跟近期的直营店拿来比较着看，虽然营业额因为劳动人员的增加也同样增加，却没有随着卖场面积的增加而有所提升。

和卖场效率的最高峰期比也许很没道理，但是卖场平效变成只剩一半。因为在"刷毛毛衣风潮"的当时，商品只要一摆出来就被人抢购了……

◆ 要想精确地测量产能，就要计算"人工小时"

便利商店、餐饮店或类似优衣库的服装零售企业几乎都一样，但店铺中的人事管理，特别是每天不同时段的人员配置、业务分配，是非常重要的工作。这称为"人力排班"。这个部分做得好或不好，对营业额、利润有很大的影响。

用数字思考，算出最佳人工小时排法

将工作量（作业量）依工作的种类事先评估，配合日期与时间段来分配员工和兼职人员。平日和周末顾客的多寡也要有2~3倍的差别，或者配送商品的日子与时间段，员工数必须比平常时候多一点。

在做人力排班的时候，要将作业量用"人数×时间"的意义以"人工小时"的单位来测量。例如，2个人花了4个小时作业，2×4＝8，表示8个人工小时。

假设有一个"10个人工小时"的作业，就有可能以下列6种组合的方式来进行：

① 一个人工作10小时。

② 2个人工作5小时。

③ 2个人工作3小时和一个人工作4小时合计。

④ 3个人工作3小时和一个人工作1小时合计。

⑤ 5个人工作2小时。

⑥ 10个人工作1小时。

考虑作业的质与量、作业场所、卖场或仓库的状况等，选出最佳组合来计划并实施。接着看这样的人员配置与业务分配的结果实际上是好还是坏，分析劳动产能。这时候登场的就是"人工小时平均营业收入"及"人工小时产能"的指标。

"人工小时平均营业收入"这个指标是指每个员工每小时可以创造多少营业额。某店铺1天的营业收入是100万日元，若当天的总劳动时间（含正式员工和兼职人员）为120小时，则平均每小时营业收入为100万日元÷120小时（总劳动时间）＝8333日元／小时。

用"人工小时产能"算出人事费占比

2011年8月期，优衣库在国内直营店每家店铺的平均营业额为6.95858亿日元，每家店铺平均劳动人员为23.1人，每人工小时营业收入为6.95858亿日元÷23.1人÷365日÷8小时＝10316日元／小时（由概况报告中算出）。

至于"人工小时产能"这个指标，是指每一名员工每小时平均能赚到多少毛利（销货总利益）。把店铺一天的毛利额除以一天的总劳动时间就能够得出，或者用人工小时营业收入乘以毛利率（销货收入总报酬率）也可以计算出来。

例如，计算出人工小时产能是5000日元／小时，计划将人事费控制在毛利额的30%以下，那只要让包括兼职人员、工读生在内的员工平均时薪控制在1500日元（5000日元×30%）以内，依此来处理人员配置就可以了。

人工小时销货收入与人工小时产能这两个指标并不仅仅适用于有店铺作

业的业种，一成不变的工作内容、较多的业种和业务都可以计算出人工小
时，再进行人员配置与业务分配的计划并实行，之后再用这些指标来测量
效率。

ASKUL文具：用"数字"管理生产和需求

办公室家具、文具、办公用品制造商PLUS公司，是在1948年创业的"千代田文具"批发商。20世纪80年代中期，从委托生产的制造批发商角色，逐渐蜕变为正式生产制造商，之后进攻办公室家具领域。营业额在1991年达到1000亿日元高峰后开始下降（最近的2011年5月期营业额为1032亿日元）。

◆ 新的销售渠道压迫旧通路，老企业看见了未来的危机

当时的文具、办公用品业界，是日本固有的复杂且多阶层的流通结构，其特色是重视人际关系，并保持着古老的交易习惯。若看文具、办公用品的市场，公司占了整体市场的75％，个人顾客占了25％。其中30人以上的公司只占整体的5％，其余的95％都是不满30人的中小型公司。

在中小学旁边的一般文具零售店只开到傍晚6点钟，而且商品种类多、经常缺货。其在服务和销售价格方面的问题也很多，渐渐地因为量贩店或便利商店等新销售渠道兴起而导致顾客流失，关门大吉的店铺也增加了。

零售店"订货"或"交货"的配送服务只针对30人以上的大公司，所以无法满足中小型企业或个人的需求。零售店的背后有制造商和批发商，其中也有通过KOKUYO自家公司系列的批发商在全日本布满了流通网。PLUS公司出名的商品是文具套装和基础文具等新商品，但不管其开发多少新商品，

也不会放在零售店内出售，这几乎对营业额没有影响。

分析需求与公司的适切性，开辟新渠道

因为与消费者接触不足，加上对通路的变动保持着危机感，为了检讨将来的文具流通该怎么做，1990年PLUS公司的今泉嘉久社长（现为会长）实施了"Bluesky委员会"的计划。以如何应对消费者的需求及真正的顾客是谁为主题，从公司整体的最适切性角度研讨了一年的时间。最后决定在1992年5月成立ASKUL事业推进部，专门负责"邮购销售"的新渠道。成员共有4位，领导者就是现在的ASKUL社长岩田彰一郎（出身于LION公司，1986年进入PLUS）。

ASKUL将目标市场锁定在全国630万个公司中不满30人的中小型公司。由于数量庞大且散布于四处，因此业务效率很低，零售店则是完全没有积极销售活动的真空地带。

强调速度与便利！ASKUL就是"明天就到"

ASKUL对这一块市场一律采取高频率小量配送的服务，为大家提供了便利。为了强调这一点，取名"ASKUL（日语谐音为'明天就到'）"，承诺每天下午1点之前的订单会在第二天白天送达，而当时配送业务全部外包给了快递公司。

此外，为了给数量庞大的顾客提供商品，将既有而且正在衰退的一般文具零售店等定位为合作伙伴，与这些伙伴们签订代理契约（代理店），委托

他们以独立营业的方式展开顾客拓展活动、授信管理与登录、货款回收等。

另一方面，ASKUL总公司则负责制作与配送商品进货和销售工具的目录，接受传真订单、商品配送，以及处理顾客的咨询与投诉，通过物流中心负责处理订单。

◆ ASKUL的起步与商业模式的进化

1992年12月，ASKUL制作出第一份刊载了约500款商品的目录并发送。销售的商品几乎都是PLUS的商品，考虑到对既有销售渠道的影响，将销售价格降了10%。代理商的保证金为20%以下，而ASKUL请款单的发行与送达、目录的寄送、促销工具的费用等都由代理商承担。在1993年泡沫破灭后经济不景气的时期，ASKUL开始了服务的第一步，最初登录的顾客数量为80家公司。

响应顾客需求，销售其他公司的产品

公司逐渐成长并实现了第一年2亿日元的营业目标后，开始响应消费者的需求。公司参考了顾客"希望能销售PLUS以外的文具""目录里面没有想要的商品"的意见，从1995年起开始销售其他公司的商品。

1997年的目录中的商品有2750项，供货厂商有100多家，PLUS商品的销售比率降到了25%。ASKUL开始朝"让顾客一次购足"的形态进化，除文具，也开始提供所有在办公室需要的东西，如电热水壶、速溶咖啡、厨房用

品等。

1997年5月，PLUS接手ASKUL的经营事业，以另一家公司的41位正式职员、44位计时派送员工为班底，开始了新的挑战。

用数字思维躲开危机，还年年获利

2000年5月的营业额为471亿日元，税前净利为14亿日元，11月在Jasdaq市场上市。我和岩田社长第一次见面是在2001年6月，并于8月在股东大会上一同就任该公司的监事。之后公司继续成长，到十五年后的2008年5月，营业额是1897亿日元，税前净利达到98亿日元。

2009年5月以后，因市场低迷、竞争激烈等，成长的脚步稍稍迟缓了。但是随着开拓中国市场、统一购买间接材料、开拓B2C等其他市场及扩大PB（私人品牌）商品等政策，该公司正努力提升其税前净利。

◆ 全部数字化的需求链管理，把库存降到了最低

前面说过的ASKUL革命性的商业模式并非一朝一夕完成的，而是在许多架构的支撑下一次一次"进化"而来的。此架构最大的支柱是"需求链管理（Demand Chain Management，简称DCM）"。

通常站在制造方的角度，从原材料的调度到生产、物流、销售等，直到把商品送到消费者手上的一连串流程，称为"供应链（Supply Chain）"，要进行生产管理或库存管理。另一方面，ASKUL把自己定位在消费者的购买代

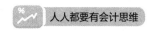

理，把这个流程称为"需求链"，并以预测消费者的需求为出发点进行库存管理，把这个称为"需求链管理"。

ASKUL成长过程中，为了兑现顾客订购的商品"明天就到"的承诺，每天都用严格的标准进行种类繁多的商品库存管理。然而当商品项目超过1万种时，光靠人力进行管理就变得困难重重（目前早已超越3万个品种）。因此，该公司导入了下列两种架构，让精确度高的库存管理有可能实现。

需求预测系统与自动订单系统

依据过去顾客购买的记录，预测出半年后的需求，并以此为基础通过自动订单系统补充订购商品，以达到减少库存及防止缺货的目标。

引进网络系统

网际系统"Synchromart"可以将未来半年后的需求预测、最近的库存状况、销售实绩等信息与供货商共享。而使用这个系统，供应者自己也能够同步确认销售、库存的数据，达到最适当的库存管理。例如能让受到天气影响的矿泉水等商品的库存量也不会发生缺货，并保持最适当的库存量。

虽然通过掌握过去的数字变化很难预测未来，但是借助累积的信息就能使更精细的预测成为可能。"一切都数字化"并将这些数字的变化聪明地运用在经营上，就可以让过剩的库存与浪费消失得无影无踪。

图表5-5为支撑ASKUL商业模式的信息系统概念图，这不是该公司公布的图表，而是我基于自己的理解做出来的。经营环境不断变化，因此必须一边将风险控制到最小，一边将这些架构进一步精细化，发展出能够承受环境

变化的柔软度。不要将成长钝化归罪于市场低迷或竞争激烈等外在因素，实现ASKUL "为顾客进化的ASKUL"的企业理念，并且成为对社会有帮助，切实努力地成为有活力的企业。

让ASKUL "迅速化" 的信息系统

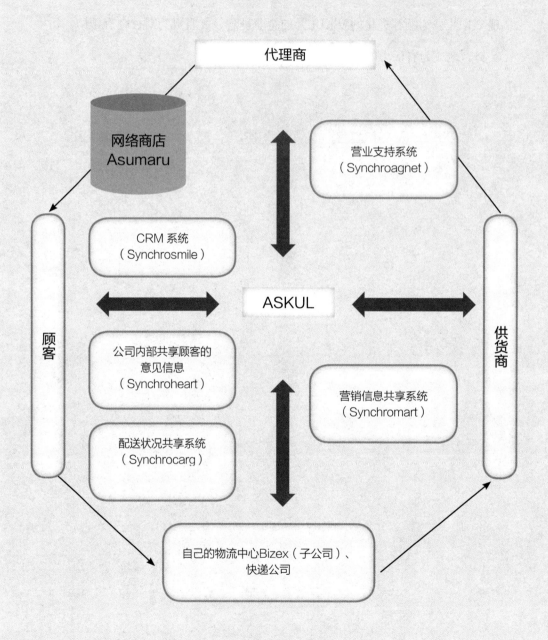

图表5-5

Logistics（物流、库存管理、配送）

位于全国6个地区的物流中心中，有最新的物流机器、技术，借由各种方法，在接到订单后最快20分钟左右就可以把商品打包出货。

客户关系管理系统（Customer Relationship Management，简称CRM），可以迅速且准确地响应顾客的询问

对于ASKUL的成长至关重要的是收集和分析聚集在"客户服务中心"的信息，包括顾客的需求和抱怨（属性、购买记录、查询内容）等，然后反馈给公司的相关部门，采用情报挖掘的手法来协助营销。

小松制作所：用"速度"改革成功

坂根正弘先生是株式会社小松制作所（小松制作所）的董事长兼会长。在其著作《遥遥领先的经营》中，详细写到了他就任社长时经营改革的过程，书中提到"迅速地清点作业，对于提高间接部门的产能非常有帮助"。以下向各位读者说明原因。

◆ 导致赤字危机的主因，居然是"固定费用"

2001年6月坂根先生就任董事长时，IT产业泡沫膨胀，大型电子机器制造商的业绩恶化，被迫大规模裁员；原油价格低迷，营建机械的国内市场因公共事业的压抑而有缩小的倾向。2002年3月期的营业赤字是130亿日元，净损（期间总收益扣除应支出费用后为负数）为800亿日元。虽然该公司在日本的营建机械营业额排名第一，但也面临经营危机。在陷入赤字危机的时刻，他宣布要推动"结构改革"。

无谓的浪费，造成巨大的损失

小松制作所的员工明明都很认真，可是与欧美的竞争对手特别是和世界最大的开拓重工（CATERPILLAR INC.）比起来，为什么只能获得很低的利益？对此感到非常疑惑的坂根先生想探究导致赤字的真正原因。他首先锁定"变动费用"，针对小松制作所的全球各工厂进行比较，发现在日本工厂的生产成本是最低的，这让他吃了颗定心丸。

还好变动费用没有问题。接着就是调查"固定费用"。结果发现过高的固定费用是导致赤字的主因，其根源在于一直以来累积"无谓的项目或业务"，特别是子公司"慢性赤字"长期积累，以及一直容许它们存在的公司体制。此外，在当时作为评价基准的竞争厂商的营业额管销比率，小松制作所是高了6点（代表成本较高）。如果营业额是1兆日元，就会有600亿日元的利益差。

削减固定费用成为优先课题，彻底重新检视不划算的事业或本公司的业务，并说服员工自愿离职并整合和撤销一些子公司。300家子公司在一年半之内就减少了110家。所有的商品，目标都放在世界第一、第二。此外，没有理由继续存在的公司就整合或卖掉。

◆ 经营改革的关键是决算的迅速化

削减固定费用的过程中，发现问题的关键在于决算期作业的"时间落后"。以前在发表4～6月的当季决算时，自然是统计国内事业4～6月的数字，但是统计海外的事业需要花时间，于是便用1～3月的数字代替。为了能正确地了解公司的状况，尽早决算是很重要的，因此给会计部门提出了"决算统计迅速化"这个课题。

在决算统计时，给各个子公司打分数，晚交一天就扣1.5分，计算错误扣1分，用这种方式数字化。用数字来比较每个工厂制品的质量是理所当然的，但是对间接部门来说没有前例。子公司的社长并不知道决算延迟是公司的处理方式不佳所造成的。可是如果用打分的方式让它"透明化"，大家就会去努力改善。就因为用了这个方法，让决算延迟的问题得到了很好的解决。

此外，之所以决算无法如期完成，是因为集中在年度末才连忙想要整理数字，如果每个月、每天都能够好好地管理数字，就不会发生这种事情。事实上，小松制作所2002年3月的决算在该年的5月10日发表（与日本企业决算的标准天数大致相同，约花了40天），但2006年3月期决算是在4月27日发表的，决算的速度有了大幅度改善。

决算的迅速化对提高间接部门的产能十分有效。在本书中也说过每月决算的迅速化很重要。在公司经营改革的初期，会计更是和改革成功与否密切相关。

小松制作所在2011年因"利用IT使公司与顾客的作业都实现效率化"而获得了波特奖。"Komtrax"数据收集系统，可以用安装在营建机械上的GPS与传感器，搜集活跃于世界各地的车辆的各种信息，运用在营建机械的需求预测、库存管理与零件更换、维护系统等售后服务相结合。对于无法付款的客户，也可以用隔空操作的方式停止引擎，能够思考到这个地步真是令人惊讶，值得赞赏。

日本麦当劳：自创独特的"顾客满意"指标

2004年2月，原田泳幸先生辞去苹果公司日本法人社长的职位，就任日本麦当劳控股公司的副会长兼CEO。在前一年（2003年）12月期，麦当劳的营业额为2998亿日元，税前净利是19亿日元，但是当期纯收益为71亿日元赤字。当时我记得"从MAC转到MC"这句话还被媒体拿来开玩笑。

◆ "达到这个数字！"单一的命令，员工容易执行

日本麦当劳是由白手起家的经营者藤田先生创立的。自1971年在银座三越百货公司内开设第一家店以来，以惊人的态势在全日本持续扩大成长。但是，到了20世纪90年代后期，既有店铺的营业额与前期比较变成了负数，2001年是创业以来第一次发生赤字。过去虽然曾被认为是"通货紧缩时代的赢家"，后来汉堡价格忽高忽低流失了很多客户。藤田先生在2002年7月承担了经营不振的责任，也因身体状况不佳而辞去社长一职。2004年2月，也就是在原田先生进入公司两个月后逝世。

在危机情况下承担起该公司经营责任的原田先生，究竟做了什么事情呢？他要求彻底做到麦当劳的基本原则："质量、服务、清洁（Quality、Service、Cleanliness，简称QSC）"，设置无论发生再小的问题都能够立刻应对的紧急联络体制（Emergency Hotline），整顿出有任何意见都可以匿名提

案、告发的基础结构。结果使麦当劳在四年间的营业额增长约1000亿日元，2008年12月期的营业额为4064亿日元，税前净利提高到182亿日元。

之后一直到2010年12月期，原有店铺的营业额与前期比连续七年都是正数，同期的直营店与加盟店的营业额合计最高达5427亿日元（借由加盟店的战略性关闭、由直营店转为加盟店等，联合营业额为3237亿日元，营业收入减少）。

2012年1月，该公司发表2011年12月期既有店铺的营业额，比前一年增加了1%，营业额已经连续八年增长。而2011年12月所有店铺单月营业额更是达到了历史最高数字，真是了不起。

只要考虑QSC的数字就好

原田先生就任社长的时候，对员工提示的不是什么复杂的东西，据社长的著作《汉堡的教训》中所述，"就只是一张纸"，上面写着一年内店铺数量与营业额。从该数字上看，目标并不是扩大店铺数量，而是在保有一定的店铺数量的前提下，营业额应该要增长多少。他回想当初对员工发出的指令，只是清楚地指示要依据该数字，并站回QSC的原点稳固基础而已。"只要考虑QSC就好"，发出简单的指示，员工们就比较容易执行。

这使我再次感受到，用具体数字设定容易理解的目标并传达给员工，同时立足于创业至今的原点，就能成功，这绝非难事。用这些话说服员工，让他们找回自信，是能从危机中脱身的重要因素。

QSC是以匿名的方式调查各种细目并打分，打分卡每天更新，员工或加盟店老板们每天都能看到。QSC的分数与顾客数的增减有很大的正相关，也和员工的满意度明显相关。

最易理解的说明——数字与图表

《日经商业》杂志在2011年7月11日的报道中，用各种图形显示"与平均每家店铺的营业额完全逆相关的是工作人员（店铺的兼职人员）的离职率"，或者说"营业额增加的主要原因是从员工的满意度（ES）打分提升开始的，即离职率下降→QSC打分提升→顾客增加"。

将实际状态用数字或图表展示，就更容易被理解，也会让人明确地知道该如何增加销量。我对此的理解是：经常保持店铺整洁，全体店员怀着待客之心以明亮的笑脸工作，把令顾客惊喜的、高质量的美味汉堡以合理的价格迅速提供给顾客。

◆ 提高服务能力的独特经营指标——"CSO"

让人惊讶的是，原田先生在当上社长之后，从来没有降过商品的价格，反而一直都在涨价。当然，商品价值也超出了顾客的期待，因此即使价格变高了，也能获得新顾客，老顾客上门的频率也不会下降。

虽然年客流量有15亿人次，只要多收入1日元就可以提高15亿日元的利益，但是也有可能适得其反，薄利多销的商业模式并不简单。事实上，据说他是通过分析过去数量庞大的顾客消费清单，然后分析出什么商品如何变化可以带动顾客消费，从而掌握了微妙的经营方向。

　　还有一点，该公司采用自己独特的经营指标CSO（Customer Satisfaction Opportunity），这是用来代替顾客满意度的指标，意为"进一步提高顾客满意度的机会"。数值越大就表示"还有提高的机会"，意思就是"不好"。这个指标的数值为零是最好的。每个店铺每小时都由总公司来统计数值，每天都努力让这个数字变为零。

　　如果CSO为零，就会有利益，这个逻辑非常简单易懂。与其"提高顾客满意度"，还不如"不要让顾客满意度还有提升的机会"，站在顾客的角度上，就更会去思考还能为顾客做什么、什么是不能做的。我认为这是很不错的经营指标。

案例 5

黑猫宅急便：把"服务水平"数字化

大和运输"黑猫宅急便"之父、前社长小仓昌男先生在他的著作《经营学》中，详细地描述了他在该公司创办者、他的父亲小仓康臣先生之后继承社长一职前后，到宅急便诞生、发展的过程。

他告诉我们，一个成功的经营者要不断地在错误中吸取教训，持续学习。对于经营者来说，我认为这是值得一读再读的名著。我任职的中央大学专职研究所会计学院也请该公司的经营领导来演讲，在个案研究中也曾数度被提起。

◆ 宅配的需求，一律先依据计算预测

为了让石油危机后呈现低迷状况的运输业恢复业绩，刚开始以"宅急便"的名称在民间首次向个人小件货物配送提供服务，并取消与松下公司或三越百货公司等大型顾客的交易；因宅急便放宽限制而被政府抑制，宅急便在1986年对旧运输省（相当于交通部）提起行政诉讼等等，有讲不完的故事。大和运输的网页上以"宅急便三十年的历程"为题，记载了到2006年1月为止公司的历史。

书中让我最感兴趣的内容是小仓社长依据数字预测计算，以及将服务水平数字化的方式。

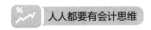

让小量订单获利超过大量订单获利的方法

小仓昌男先生1971年当上社长后，探究了大和运输收益低的原因。调查自家公司固定路线货物的发货方后，发现50件以上的订单占压倒性多数，10件以下的小量订单只占不到10%。不知道其他公司的状况如何，于是他到竞争对手的分店现场偷偷观察，发现营业报酬率在7%以上的运输公司，发货方在5件以下的货物居多；报酬率在5%以上的公司，大多也是10件以下的小量货物。其他公司虽然也送大量的货物，但是小量的货物运送的总量很大。

当时，东京到大阪之间运送一件货物的运费为700日元，大型卡车是10吨的货车，以每个纸箱平均24千克来说，1辆可以装400多箱。量大的客户运送每件运费是200日元，因此一辆卡车的收入是8万日元。但是如果满载的货物是小件的，那么就是700日元×400个＝28万日元。搜集小件货物成本确实比较高，但是如果可以赚到这么多运费，这个想法也是很吸引人的。"收货并配送小量货物很费功夫，所以不划算。与其运很多次小量货物，不如一次运很大量的，既合理又划算"，他这才发现，上述业界以往的常识并不正确。因此他很快指示多收小量货物，但是这在公司也较难立刻实行。

总公司在东京，工会运作也很完备。基础租金比其他公司高，人事费占了成本近60%，但员工平均月薪比其他公司差了5000日元，没法跟其他公司比。既然如此，就改变工作方向，把目标放在新市场。运用公司本身拥有的百货公司配送知识，或许可以考虑往个人顾客货物宅配的领域发展。

然而个人宅配的市场既不固定，也很难掌握，所以业务很不稳定。完全不清楚会在哪里接到委托，货要送到哪里。虽然不清楚成本会是多少，但是运费不能比邮局的小包裹贵，否则有可能造成很大的亏损。虽然家庭主妇等个人客户并不会对运费讨价还价，还会以现金立即支付，不过在这个时候还是弊大于利。

当时，餐饮连锁店吉野家放弃了以往的各种菜单，只卖牛肉饭一种商品，因此可以大量购买质量好又便宜的牛肉，供应速度快、美味价廉，颇获好评。店员只需要用兼职人员就行了，可以把人事费用控制在很低的水平。

小仓先生在1974年开始思考这些问题："什么都可以运送的优秀运输公司"这个方向是不是错了？经营范围很广、什么都做的公司，跟经营范围狭小、只做一项业务的公司，哪一种比较有可能性？

他决定调查个人的宅配需求究竟有多大，让员工在东京中野中央区1丁目与2丁目约两千户人家巡回调查"一年内有几件小包裹"。结果发现平均每家一年有两件，几乎都是小包裹。在百货公司购买中元节或年底的赠礼回礼，然后由店家直接寄出的情形也很多，因此需求量应该更大。当时，邮局小包裹一年约有1.9亿个，国铁小包裹约为6000万个，因此既有的总数量约为2.5亿个，假设每个包裹500日元，就可推测出小包裹拥约有1250亿日元的市场，有这种市场规模，公司光靠"小包裹"吃饭也绰绰有余。

估算出需要几家站点，才能快速配送并切实获利

成功的关键在于建立全国规模的收发网络，可用于参考的是机场的轴辐式系统（Hub & Spoke System）。那么，全国必须有多少个当做站点的集散中心呢？收集全国人居住地区的二十万分之一地图，画出一个个半径为20千

米的圆（收发车以平均时速40千米行驶，因此估算出当接到收货的委托时，在30分钟能抵达的距离为20千米）。这个圆圈的数量应该就是所需的集散中心数量吧？

这是很辛苦的工作，而且方法也错了。难道没有别的简单的方法吗？全日本共有约5000家邮局，因为书信很多，所以才有这么多家；有11250所公立中学，因为学生都要走路上学，所以才有这么多所……以上这些都不能成为参考。另一方面，警察局有1200个，若这样的数目足以维持治安，那么我们公司的营业点也设立这么多间就可以了。于是，小仓先生把据点目标数定在1200个。

结果，所有董事明明都反对加入个人宅配市场，却在1975年8月准备工作的最后阶段，于公司内发表了"宅急便开发要点"。1976年9月1日，编制出一个由10个人组成的工作团队。以年轻员工为中心，也让工会的人参加。10月底制作出计划书与作业手册，那是相当详细的宅急便商品化计划与手册，这些都是在制作新企划或事业的执行计划时非常值得参考的例子。

1976年，以"一通电话就收货，只有一件也会到家收货、隔日送达，运费低廉，打包简单"为概念的新品牌"宅急便"诞生了。

◆ 将服务层级数字化，提高配送质量

从宅急便诞生以来，开发新服务等的参考案例并不少，这里再介绍一个很不错的经营指标，那就是以数字掌握并公布对客户的服务水平。

调查每天抵达各个中心的货物里，以百分比显示有多少件无法在隔日送达。这是以都、道、府、县为单位，纵轴为发货地，横轴为目的地，将隔日仍未送达的个数与发货到达的都、道、府、县的总个数对比，用方格框表现出各个百分比的架构。服务水平每个月都会发表，查明从哪个县到哪个县框内的数字比较差，然后想办法改进。

最初统计的结果离满意还很远，送到远处的东西有40％以上未送达。送到企业或商店的东西在关门后没有人收取，不改进这些方面未送达率会变高。比起把服务的差别化当成经营战略，检查服务水平是更加不可缺少的重要工作。这些数据公布后，很明显地提升了送货质量。

CONCLUSION 结语

懂得数字思考力，一定会成长

经营管理顾问这个概念的范围很广，从整体经营到锁定业种或职能、目的的顾问都有。锁定某些业种，例如餐饮业的经营管理顾问就很常见，也有人特别锁定林业、木材业或旅馆经营等。锁定职能或目的，如人事管理顾问、教育管理顾问、物流管理顾问、信息系统顾问、IR（对股东的公关活动）顾问等，还有像我这种专门锁定上市准备工作的顾问，各种各样的都有。以营业形式来说，从个人营业到组织性范围广泛的各种经营问题，都有经营管理顾问公司可以帮忙解决。

但由于不需要官方资格认定，不实际合作，还真不知道自称是经营管理顾问的实力到底有多大。

◆ 先问管理阶层五件事，"志向的高度"最重要

我曾经问过自己，我和其他管理顾问有什么不一样？如果有不同，又是哪里不同？因为我有会计师和税务师执照，因此常被认为在会计、财务、税务方面很强。但是我对这些领域也是了解到某种程度而已，要跟精通特殊领域的专家比起来，也许我只是幼儿园程度罢了。由于我认识精通此道的专家，若有复杂难解的问题在眼前出现，也能得以求解难题。我自己对经营管理顾问的定义应该是："以符合上市公司所需，为建立强大的公司，将整体经营指导列入守备范围，拥有某种程度人脉网络能力的经营顾问。"这样一说倒看不出什么特别优越的特征。

赚钱很重要，但只想着"赚更多"还不够

经营管理顾问的手法有什么差异或优越性呢？

首先，我会深入思考与经营者见面时讨论过的问题与答复。我的问题有以下两个："你的经营目标是什么？""你希望公司在五年后、十年后变成什么样子？"若是准备上市的咨商案件，我问的第一个问题就会是："上市的目的是什么？"

这些问题的答案可以让人感觉到"志向的高度"，只要对方不仅仅以赚

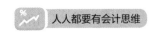

钱为目的，我就会接受这个咨商。当然，价值观合不合得来非常重要，在跟对方谈话的过程中我自然会明白。

我问最近认识的一个餐饮连锁店的年轻社长这些问题时，他回答："希望能把薪资水平提高到比任何同业都高，让员工的生活水平提升。"第一次和优衣库的柳井正先生见面时，他也说："要改变休闲服饰既有的流通途径，用自己的手做出优质的商品，更便宜地卖给更多人。"这两者都让我感觉不是在说漂亮话，而是有远大的志向，让我立刻就想协助他们做些什么。听到他们的志向之后，比较容易据此拟订愿景或任务、经营战略等。

会计思维的基本：增加现金，减少花费

第二件事是分析作为公司支柱、事业基础的"损益结构""现金流量结构"，使它接近理想状态。简单地说就是"做一定会赚钱的生意，增加现金流入，减少现金流出，把现金留下来"，仅此而已。详细内容都在本文中，重要的是我希望经营者随时保持用会计思维去思考。

扩大强项，弱点自然就会被补足

第三件事，了解公司的强项、弱点以及面临的风险，与其补强弱点不如先扩大强项。以我的经验来说，在扩大强项的过程中，弱点大多也会被补强，思考该如何扩大强项然后实行。

实际参与，才能找出切合实际的对策

第四件事，经营管理顾问要和经营者站在相同的角度上，以同样的视角给出意见，必须有和经营者一样辛苦的觉悟。一开始可能会被经营干部或员工认为是多管闲事的外人，但是只要在一起工作一段时间，他们就会理解我们和他们的立场一致，就会得到他们的协助。

庸才和天才只有一线之隔

第五件事，让经营者理解"经营和教育是一样的"。就像父母教育小孩一样，经营者生气的时候也不能伤害下属的人格或者否定他们，而是该告诉他们哪里做得不好、哪里有缺陷，让他们明白你为什么生气。人是有感情的，如果不认同就不会有行动。给指示的时候，要明确表达工作的目的和意义。若全体员工都能团结一致行动，就能发挥巨大的力量。在你感叹"公司里没有能干的员工"之前，自己主动教育培训员工，同时社长也会被员工教育，大家一起成长。

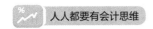

◆ 经营顾问是助力，突破逆境得靠自己努力

我的经营顾问手法基本上就是这样，没有什么秘诀，而且没有任何一项是能速成的项目。就如同经营公司，实际上所有方法都需要脚踏实地一步一步去实行。

以上是我担任经营管理顾问时的各种工作方式，其实也是给经营者经营企业的提示。若站在聘用经营管理顾问的公司的立场上，多数人认为是基于以下两种情形才外聘的："公司内目前没有能做这项工作的人，所以只好仰赖公司外的人来指导"，或者"虽然公司里也有能干的人，但还是想把来自经营管理顾问的外在压力带到经营群里，期望改革整个公司"。

综观公司整体的工作流程，再用数字思考和改进

仔细想想就会发现，经营管理顾问是在俯瞰公司整体的工作方式（业务流程），同时给予产业活动市场客观的整体评价，确认公司在市场中的位置，看清楚今后的方向，用全体员工的力量向着目标前进，是反映公司经营行动的一面镜子。

希望本书能把自己多年从事这一行的经验提供给目前在逆境中努力经营企业的各位经营者或商业人士参考，或者至少能够对各位眼前的工作有所帮

助。逆境对任何人来说都是逆境。觉得是逆境所以态度消极，因为风险太大所以放弃，这是任何人都会有的想法。如果简简单单就能办到，那大家早就都做了。

◆ 数字会反映行动成果，推动人继续前进

正因为风险大，才应该挑战，不要列出一堆理由，而是想想该怎样做，就像小学生时代学到的5W1H（Why、What、Where、When、Who、How）之外再加一个H（How much），用5W2H的方式整理思考，想清楚之后再实行。只要稍稍改变一下思考方式的脉络或分析手法，换一个角度思考，就会觉得好像可以办到，应该试试看。逆境才是机会的宝库，不要沮丧，要多挑战。

本书中也提到过，经营者或员工的行为会显示在会计数字上。通过会计数字的变化，经营者要反省、重新检视、计划，再连接到下一次的行为。会计数字可以推动人前行，也是打造强大公司的基本。

即使是一群普通人，也要认真考虑该如何建立强大且持续成长的企业，并且在切实行动，我希望你们一定要看看这本书。随着使用会计数字方法的变革，普通人的团体也将朝着经营者的远大志向行动，逐渐改变公司。

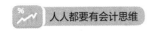

最后，我要感谢给我机会写本书的钻石社编辑小川敦行先生。曾看过我过去的作品的读者，每次被问到"你不写新书吗"，我都用"有点忙"来当借口，逃避了许多年。面对这些读者，我想抬头挺胸说"我终于写了"，也终于跟列出一堆理由的自己告别，很感谢我的读者。也请热心的读者多多给予本书批评指教，不论是忠告或不满，我都衷心期待。

安本隆晴